劳动者
加入工会和会籍管理

LAODONGZHE JIARU
GONGHUI HE HUIJI GUANLI

张智君◎著

电子工业出版社
Publishing House of Electronics Industry
北京·BEIJING

图书在版编目（ＣＩＰ）数据

劳动者加入工会和会籍管理 / 张智君著 . — 北京：

电子工业出版社，2019.5

ISBN 978-7-121-36270-5

Ⅰ . ①劳… Ⅱ . ①张… Ⅲ . ①工会工作－中国 Ⅳ . ① D412.6

中国版本图书馆 CIP 数据核字（2019）第 064356 号

策划编辑：张振宇

责任编辑：张振宇

印　　刷：三河市鑫金马印装有限公司

装　　订：三河市鑫金马印装有限公司

出版发行：电子工业出版社

　　　　　北京市海淀区万寿路 173 信箱　　　邮编：100036

开　　本：880×1230　1/32　　印张：5.875　　字数：150 千字

版　　次：2019 年 5 月第 1 版

印　　次：2020 年 5 月第 7 次印刷

定　　价：36.00 元

　　凡所购买电子工业出版社图书有缺损问题，请向购买书店调换。若书店售缺，请与本社发行部联系，联系及邮购电话：（010）88254888，88258888。

　　质量投诉请发邮件至 zlts@phei.com.cn，盗版侵权举报请发邮件至 dbqq@phei.com.cn。

　　本书咨询联系方式：（010）88254210，influence@phei.com.cn，微信号：yingianglibook。

目录 CONTENTS

五 会籍处理

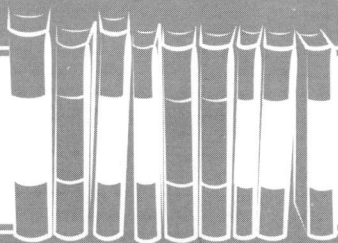

一

有一个组织叫工会

劳动者入职后，会遇到很多预想不到的困难。这个时候你需要一个组织的帮助。而立足于劳动者中的工会，正是一个能够帮助你的组织。

1. 工会简史

工会，或称劳工总会，工人联合会，是指由工人（雇员）基于共同利益而自发组织的社会团体。工会组织成立的主要意图，是代表会员与雇主谈判工资福利、工作时间和工作条件等，为会员争取利益。

工会不是从来就有的，而是人类社会发展到一定历史阶段才产生的。工会的产生与产业革命密切相关。

产业革命，也称工业革命，是指以手工劳动为基础的工场手工业，过渡到以机器驱动为基础的工场制大规模生产的过程。产业革命最早发生在英国，1712 年，英国工程师纽科门首次研制成功了可供实用的蒸汽机——纽科门蒸汽机，但这种蒸汽机耗煤量大、效率低，仅适用于煤矿等燃料充足的地方。1764 年，英国兰开郡纺织工詹姆斯·哈格里夫斯发明了珍妮纺纱机，使手摇纺纱车从一人纺 1 至

2 个纱锭提高到一个人可纺 8 至 18 个纱锭，实现工厂化大规模生产。1765 年—1790 年，英国人瓦特进行了一系列发明改进，使蒸汽机的效率提高到纽科门蒸汽机的 3 倍多，最终发明出了现代意义上的蒸汽机，可以驱动船舶、火车、纺纱机、抽水机、机床等。继英国之后，法、德、美等国也于十九世纪相继完成了产业革命。

产业革命不仅是一场技术革命，更是一场深刻的社会变革，促进了资本主义生产力的迅猛发展，极大提高了生产社会化的程度，开创了以机器代替手工劳动的人类发展新时代。正如马克思在《共产党宣言》中所说："资产阶级在它的不到一百年的阶级统治中所创造的生产力，比过去一切世代创造的全部生产力还要多，还要大。自然力的征服，机器的采用，化学在工业和农业中的广泛应用，轮船的行驶，铁路的通行，电报的使用，整个大陆的开垦，河川的通航，仿佛用法术从地下呼唤出来的大量人口，——过去哪一个世纪料想到在社会劳动里蕴藏有这样的生产力呢？"

产业革命不仅造就了一个资产阶级，同时，也造就了一个新的阶级——无产阶级。马克思在《共产党宣言》指出："我们的时代，资产阶级时代，却有一个特点：它使阶级对立简单化了。整个社会日益分裂为两大敌对的阵营，分裂为两大相互直接对立的阶级：资产阶级和无产阶级。"产业革命初期，工人为反抗过度受奴役受压榨，争取起码的劳动和生活条件，开始同资本家作斗争，但都难以逃脱失败的命运。残酷的斗争现实使工人们逐渐认识到，个体的分散的抗争是弱小的无力的，很难与资本家抗衡，大家必须联合起来，进行有规模的、有组织的、有计划的抗争。于是，逐渐产生了工人组织互助会、友谊会以及其他具有工会萌芽性质的组织，开展联合罢工活动。在长期的斗争实践中，产业工人自愿联合成立的这一组织不断壮大，组织化程度也越来越高，号召力、战斗力不断增强。18 世纪末到 19 世纪初，在西欧各国出现了首批工会组织，而 1818 年苏格兰格兰斯哥织布工人成立的工会是世界上最早的工会组织。

然而，欧洲各国的资本家和资产阶级政府对产业工人建立的工会组织激烈反对，以武力镇压产业工人的抗争。资产阶级政府还颁布法令，宣布工会为非法组织，禁止工人结社。但产业工人为改善劳动生存环境，采取破坏机器、偷工减料、怠工罢工等方式不断抗争，导致工业化大生产难以正常运转，造成严重损失。迫于工人运动的压力，1824 年英国政府不得不通过法律，取消禁止工人结社的规定，工人运动迅速发展起来。1844 年德国西里西亚纺织工业中心爆发了 3000 多名工人参加的武装起义，工人们破坏了工场、机器和资本家的住宅。在工人阶级的不断斗争下，资产阶级政府不得不承认工会的合法地位，工人阶级得以作为独立的阶级开始登上历史舞台。所以说，工会是产业革命的产物，也是阶级斗争的产物。

2. 中国工会的来源

中国工会的产生与工业化进程是密切相关的。18 世纪西方国家通过产业革命走上强国之路，而清政府还沉睡在紫禁城的落日余晖之中，错过了工业革命的机会。

中国是一个传统的农业国家，清王朝时期，尽管有小作坊和小手工业者，但没有经过工业革命，也没有真正意义上的产业工人。1840 年发生鸦片战争，英国凭借坚船利炮，大败清王朝，使昏昏欲睡的清政府如梦初醒，也由此揭开了近代中华民族的屈辱史。以李鸿章、曾国藩、左宗棠、张之洞等为代表的有识之士，极力主张"师夷长技以自强"。在顽固派的阻挠和谩骂之下，从 1861 年开始洋务运动艰难起步，从军事工业到民用工业，从官办、官商合办到官督商办，工业化开始缓慢发展。洋务运动是中国工业化进程迈出的第一步。

北洋政府时期，因西方列强忙于第一次世界大战，中国的工业化迎来了短暂的"黄金"发展期，1909 年第一条中国人修建的铁路——京张铁路通车；1912 年—1914 年这三年间，新开的工厂为 4000 多家，民族资本兴建的面粉厂、火柴厂、卷烟厂、造纸厂以及采煤、冶炼企业得到长足发展。国民党时期，蒋、宋、孔、陈四大家族统治集团，形成了"大地主、大银行家、大买办"官僚资本，垄断中国的主要经济命脉，控制着国家资源和进口物资，最终形成商业垄断，残酷地压迫农民、工人，压迫小资产阶级和自由资产阶级，实体工业没有得到多大发展。

在外国资本、官僚资本和民族资本经营的近代工业企业中，新兴的中国工人阶级开始诞生并逐渐发展壮大。在半殖民地半封建的旧中国产生的中国工人阶级，遭受着帝国主义、封建主义和资本主义的三重剥削和压迫，其劳动强度之大、工作时间之长、劳动条件之差、工资收入之低、政治权利之少，在世界各国中是非常罕见的。1919 年爆发了五四运动，以上海为中心的全国工人总同盟举行罢工，标志着中国工人阶级以独立的姿态登上历史舞台。

1920 年 11 月 21 日，在中国共产党早期领导人的指导下，中国第一个工会组织——上海机器工会在上海白克路207 号上海公学召开成立大会。孙中山、陈独秀到会祝贺，并发表演讲。筹备会书记李中担任临时主席。会议通过了由李中和陈独秀起草的《上海机器工会章程》。1921 年 7

月 23 日，中国共产党成立。"中国共产党成立后的中心任务是组织工人阶级，领导工人运动，成立产业工会。"1921 年 8 月 11 日，中国共产党成立劳动组合书记部，在上海正式挂牌办公，张特立（张国焘）、邓中夏先后担任主任，李启汉任秘书长。

1922 年 5 月 1 日—6 日，由中国劳动组合书记部发起邀请全国各地各党派工会团体，在广州召开了中国工人阶级第一次全国性大会——第一次全国劳动大会。

1925 年 5 月 1 日—9 日，在广州召开第二次全国劳动大会，决定成立中华全国总工会。大会选举林伟民、刘少奇、苏兆征、邓中夏等 25 人为中华全国总工会执行委员。同日，全国总工会执行委员会举行第一次会议，推举林伟民为委员长，刘少奇、邓培、郑绎生等为副委员长，邓中夏为秘书长兼宣传部长，李森为组织部长，孙云鹏为经济部长。中华全国总工会正式诞生。

3. 中国工会的发展

从 1925 年中华全国总工会成立至今，党领导下的中国工会经历了新民主主义革命时期、社会主义革命和建设时期、改革开放时期。在九十多年的历史发展进程中，中国工会从一个分散组织发展成为全国统一的组织，工会会员从 1925 年的 54 万发展到 2017 年的 3.06 亿，成为世界上人数最多、最大的工会组织。

新民主主义革命时期，中国工会的主要任务是围绕党的新民主主义理论和新民主主义时期的政治、经济、文化纲领，参加反帝反封建反官僚资本主义的革命斗争并在斗争中不断成熟，最终在促进全国工人运动的发展中，实现了中国工会组织的全国统一。

社会主义革命和建设时期，由于工人阶级成为国家的领导阶级，工会工作的方针也发生了重大的变化。工会运动的首要任务就是把全国工人群众组织起来，为发展新中国的政治、经济，巩固人民政权，保护职工群众的利益而奋斗。但由于对社会主义建设存在"左"的偏差，使我们对社会主义道路的探索出现了全局性失误，工会运动也遇到了坎坷。

改革开放时期，党的工作重心转向经济建设，开启了改革开放新篇章。工人阶级队伍状况发生的变化以及企业改革使得劳动关系发生深刻变化，推动了工会的自身改革。随着社会主义市场经济体制的建立与发展，工会事业在改革中发展，逐步走出了一条中国特色社会主义工会发展道路。

2018 年 10 月，中国工会第十七次全国代表大会在北京召开。工会十七大明确了今后五年工会工作的主要任务是：全面贯彻党的十九大精神，以习近平新时代中国特色社会主义思想为指导，深入学习贯彻习近平总书记关于工人阶级和工会工作的重要论述，坚持走中国特色社会主义工会发展道路，坚定政治方向，凝聚奋进力量；着力推进产业工人队伍建设改革，充分激发职工群众劳动热情和创造活力；着力做好工会维权工作，切实提升职工群众获得感、幸福感、安全感；着力深化工会改革创新，全面增强政治性、先进性、群众性；着力提高工会系统党的建设质量，把工会组织建设得更加充满活力、更加坚强有力。

新时代、新征程、新起点，作为职工群众的组织，工会以竭诚服务职工群众为工作目标，让职工群众真正感受到工会是"职工之家"，工会干部是最可信赖的"娘家人"、贴心人。

4. 中国工会在国家生活中的地位

很多劳动者对工会不了解。其实，工会在国家中的地位是很重要的。

第一，工会是党领导下的职工自愿结合的工人阶级群众组织，是党联系职工群众的桥梁和纽带。

党的领导体现工会的政治性，职工自愿结合体现工会的群众性，工人阶级群众组织体现工会的先进性。正因为工会具有政治性、群众性、先进性，所以工会能把党的政策和要求传达到广大职工群众，同时也可以把职工群众的诉求上传到党中央，在党和职工群众之间架起了一座桥梁。

第二，工会是党领导下的社团组织，是国家政权的重要支柱。

社会主义国家必须依靠最广大职工群众的支持，并以职工群众为基础才能得到巩固，而工会正是提供这种群众基础的重要形式。离开职工群众的关心、支持、参与和监督，我们国家的政权就难于巩固和加强，也无法保持安定团结的政治局面。所以，社会主义国家政权离不开工会的强大支柱作用。

第三，工会是职工群众利益的代表者、维护者。

法律赋予了工会组织维护职工合法权益的职责。工会通过参与国家和社会事务管理、参与企事业等单位民主管理，构建和谐劳动关系，满足职工群众对美好生活向往的需求，维护职工群众劳动权益。

进入新时代，工会不断适应新形势新任务，把党的路线方针政策和决策部署落实到工会各项工作之中，坚持以职工为中心的工作导向，把工会建设成为职工群众满意的"职工之家"。

规定索引 ··➤

1. 《工会法》

第二条　工会是职工自愿结合的工人阶级的群众组织。中华全国总工会及其各工会组织代表职工的利益，依法维护职工的合法权益。

2. 《中国工会章程》（总则）

中国工会是中国共产党领导的职工自愿结合的工人阶级群众组织，是党联系职工群众的桥梁和纽带，是国家政权的重要社会支柱，是会员和职工利益的代表。

5. 中国工会的领导体制

第一，中国工会的最高领导机关是中华全国总工会，简称全总。在全总的统一领导下，成立全国产业工会、各级地方总工会及地方产业工会和基层工会。具体包括：中华全国总工会及全国产业工会，省级地方总工会、地市级（州、盟）总工会、县级（市、区、旗）总工会及它们的同级产业工会，基层工会。

各级工会组织接受同级党组织和上一级工会的双重领导，以同级党组织领导为主。

全国工会代表大会及其选举产生的执行委员会是中国工会的最高权力机构。大会由中华全国总工会执行委员会召集。全国工会代表的名额和选举办法由中华全国总工会执行委员会决定，按地区（系统）以省、自治区、直辖市总工会和铁路、民航、金融工会为单位，民主选举产生。在全国工会代表大会闭会期间，中华全国总工会的重大问题由执行委员会决策。执行委员会闭会期间，由全总主席团行使日常决策职能。主席团下设书记处，书记处在主席团领导下主持中华全国总工会的日常工作。执行委员会和全国总工会主席团成员按照联合制的原则选举产生。全国工会代表大会的职权有：审议和批准中华全国总工会执行委员会和经费审查委员会的工作报告；讨论并决定全国工会工作的方针、任务；修改《中国工会章程》；选举中华全国总工会执行委员会和经费审查委员会。

第二，地方各级工会代表大会和由它选举产生的地方总工会委员会是各级地方工会的最高权力机构。执行机构是地方各级总工会。在代表大会闭会期间，负责执行上级工会的决定和同级工会代表大会的决议，讨论和决定本地区职工群众的重大问题；领导本地区工会工作，定期向上级总工会报告工作。各级地方总工会选举产生主席一人、副主席若干人，常务委员若干人，组成常务委员会。地方总工会在委员会全体会议闭会期间，行使委员会职权。其职权是：审议和批准同级总工会委员会和经费审查委员会的工作报告；讨论并决定本地区工会的工作任务；选举同级总工会委员会和经费审查委员会。

第三，全国产业工会代表大会和地方产业工会代表大会是各级产业工会系统的最高权力机关。由它们分别选举产生的产业工会全国委员会和产业工会地方委员会负责大会闭会期间的重大问题的决策。根据《中国工会章程》规定，产业工会全国代表大会的职权是：审议和批准产业工会全国委员会的工作报告；讨论并决定本产业工会的工作任务；选举产生工会全国委员会。

产业工会全国委员会与地方总工会对所属的地方产业工会实行双重领导。上级产业工会指导相应的下级产业工会。

第四，基层工会会员大会或会员代表大会是基层工会的权力机构。会员不足 100 人的基层工会应当召开会员大会，由全体会员参加；会员 100 人以上的基层工会召开会员大会或会员代表大会。基层工会会员大会或会员代表大会每年至少召开一次。基层工会会员代表大会的代表，一般以下属工会或工会小组为单位，由全体会员选举产生，代表实行常任制，任期与本单位工会委员会相同。基层工会委员会是基层工会会员大会或会员代表大会的常设机构，在会员大会或会员代表大会闭会期间，负责执行大会决议和上级工会的决定，主持基层工会的日常工作。同时，基层工会委员会还承担企业职工代表大会日常工作机构的职责。

各级工会实行任期制。中华全国总工会执行委员会，全国产业工会委员会，省级地方总工会、地市级（州、盟）总工会、县级（市、区、旗）总工会及它们的同级产业工会委员会任期为 5 年；基层工会的任期为 3 年或 5 年。

6. 中国工会组织的分类

很多人不太清楚我国工会组织的分类，其实《工会法》《中国工会章程》已作出了明确规定。我国《工会法》第十条是规定："企业、事业单位、机关有会员二十五人以上的，应当建立基层工会委员会；不足二十五人的，可以单独建立基层工会委员会，也可以由两个以上单位的会员联合建立基层工会委员会，也可以选举组织员一人，组织会员开展活动。女职工人数较多的，可以建立工会女职工委员会，在同级工会领导下开展工作；女职工人数较少的，可以在工会委员会中设女职工委员。企业职工较多的乡镇、城市街道，可以建立基层工会的联合会。县级以上地方建立地方各级总工会。同一行业或者性质相近的几个行业，可以根据需要建立全国的或者地方的产业工会。全国建立统一的中华全国总工会。"

从这一规定可以清楚地看出，企业、事业单位、机关成立的工会，以及乡镇、城市街道成立的基层工会联合会属于基层工会；县级以上地方建立的工会为地方工会组织，包括地方总工会和地方产业工会；全国建立的为全国工会组织，包括中华全国总工会和全国产业工会。所以，我国的工会组织按性质可划分为三大类：全国工会组织、地方工会组织和基层工会组织。

规定索引 ╌╌╌╌╌╌╌╌╌╌╌╌╌╌╌╌╌╌╌╌╌╌╌╌╌╌╌╌╌➤

《工会法》

第十一条 基层工会、地方各级总工会、全国或者地方产业工会组织的建立，必须报上一级工会批准。

......

第十四条 中华全国总工会、地方总工会、产业工会具有社会团体法人资格。

基层工会组织具备民法通则规定的法人条件的，依法取得社会团体法人资格。

7. 中国工会法定的权利

在我国，工会是中国共产党领导的一个重要人民团体,《工会法》《劳动法》《劳动合同法》等法律法规赋予了工会一定的权利,既涉及宏观层面的,也涉及微观层面的。概括起来,这些权利主要有:

第一,知情权、参与权、表达权。

(1)国家机关在组织起草或者修改直接涉及职工切身利益的法律法规规章时,应当听取工会的意见。

(2)县级以上各级人民政府制定国民经济和社会发展计划,对涉及职工利益的重大问题,应当听取同级工会的意见。

(3)县级以上各级人民政府及其有关部门在研究制定劳动就业、工资、劳动安全卫生、社会保险等涉及职工切身利益的政策、措施时,应当吸收同级工会参加研究,听取工会意见。

(4)县级以上地方各级人民政府可以召开会议或者采取适当方式,向同级工会通报政府的重要的工作部署和与工会工作有关的行政措施,研究解决工会反映的职工群众的意见和要求。

(5)各级人民政府劳动行政部门应当会同同级工会和企业方面代表,建立劳动关系三方协商机制,共同研究解决劳动关系领域的重大问题。

(6)用人单位研究经营管理和发展的重大问题应当听

取工会的意见；召开讨论有关工资、福利、劳动安全卫生、社会保险等涉及职工切身利益的会议，必须有工会代表参加。

（7）通过职工代表大会和其他民主管理制度等形式，工会参与本单位的民主管理、民主监督、民主决策和民主监督。

（8）在调查处理职工因工伤亡事故和其他严重危害职工健康问题时，必须有工会参加。工会应当向有关部门提出处理意见，并有权要求追究直接负责的主管人员和有关责任人员的责任。对工会提出的意见，应当及时研究，给予答复。

（9）参与劳动争议案件的协商调解。

（10）用人单位单方面解除职工劳动合同的，应当事先将理由通知工会，工会有权提出意见，用人单位应当研究工会的意见，并将研究结果书面通知工会。

（11）参与用人单位有关规章制度的制定。用人单位在制定、修改或者决定有关劳动报酬、工作时间、休息休假、劳动安全卫生、保险福利、职工培训、劳动纪律以及劳动定额管理等直接涉及劳动者切身利益的规章制度或者重大事项时，应当经职工代表大会或者全体职工讨论，提出方案和意见，与工会或者职工代表平等协商确定；

在规章制度和重大事项决定实施过程中，工会或者职工认为不适当的，有权向用人单位提出，通过协商予以修改完善。

第二，调查权、监督权、建议权。

（1）工会有权对用人单位侵犯职工合法权益的问题进行调查，有关单位应当予以协助。对侵犯职工合法权益的问题，有权提出整改意见。如果用人单位拒不改正的，工会可以请求当地人民政府依法作出处理。

（2）对用人单位单方面解除职工劳动合同的，有权进行调查，认为企业违反劳动法律法规和劳动合同的，有权要求用人单位重新研究处理，并将处理结果书面通知工会。

（3）对新建、扩建企业和技术改造工程中的劳动条件和安全卫生设施与主体工程同时设计、同时施工、同时投产使用进行监督。对工会提出的意见，企业或者主管部门应当认真处理，并将处理结果书面通知工会。

（4）工会发现企业违章指挥、强令工人冒险作业，或者生产过程中发现明显重大事故隐患和职业危害，有权提出解决的建议，企业应当及时研究答复；发现危及职工生命安全的情况时，工会有权向企业建议组织职工撤离危险现场，企业必须及时作出处理决定。

第三，协商谈判权、提起仲裁诉讼权。

（1）工会代表职工与用人单位进行平等协商，签订集体合同。企业违反集体合同，侵犯职工劳动权益的，工会可以依法要求企业承担责任；因履行集体合同发生争议，经协商解决不成的，工会可以向劳动争议仲裁机构提请仲裁，仲裁机构不予受理或者对仲裁裁决不服的，可以向人民法院提起诉讼。

（2）发生停工、怠工事件，工会应当代表职工同企业、事业单位或者有关方面协商，反映职工的意见和要求并提出解决意见。

（3）职工认为用人单位侵犯其劳动权益而申请劳动争议仲裁或者向人民法院提起诉讼的，工会应当给予支持和帮助。比如，提供咨询、代理仲裁诉讼等。用人单位无正当理由拖延或者拒不拨缴工会经费，基层工会或者上级工会可以向当地人民法院申请支付令；如用人单位拒不执行支付令的，工会可以依法申请人民法院强制执行。

规定索引 ⟶

《工会法》

第六条　维护职工合法权益是工会的基本职责。工会在维护全国人民总体利益的同时，代表和维护职工的合法权益。

工会通过平等协商和集体合同制度，协调劳动关系，维护企业职工劳动权益。

工会依照法律规定通过职工代表大会或者其他形式，组织职工参与本单位的民主决策、民主管理和民主监督。

工会必须密切联系职工，听取和反映职工的意见和要求，关心职工的生活，帮助职工解决困难，全心全意为职工服务。

第十九条　企业、事业单位违反职工代表大会制度和其他民主管理制度，工会有权要求纠正，保障职工依法行使民主管理的权利。

法律、法规规定应当提交职工大会或者职工代表大会审议、通过、决定的事项，企业、事业单位应当依法办理。

……

第二十条　工会帮助、指导职工与企业以及实行企业化管理的事业单位签订劳动合同。

工会代表职工与企业以及实行企业化管理的事业单位进行平等协商，签订集体合同。集体合同草案应当提交职工代表大会或者全体职工讨论通过。

工会签订集体合同，上级工会应当给予支持和帮助。

企业违反集体合同，侵犯职工劳动权益的，工会可以依法要求企业承担责任；因履行集体合同发生争议，经协商解决不成的，工会可以向劳动争议仲裁机构提请仲裁，仲裁机构不予受理或者对仲裁裁决不服的，可以向人民法院提起诉讼。

第二十一条　企业、事业单位处分职工，工会认为不适当的，有权提出意见。

企业单方面解除职工劳动合同时，应当事先将理由通知工会，工会认为企业违反法律、法规和有关合同，要求重新研究处理时，企业应当研究工会的意见，并将处理结果书面通知工会。

职工认为企业侵犯其劳动权益而申请劳动争议仲裁或者向人民法院提起诉讼的，工会应当给予支持和帮助。

……

第二十三条　工会依照国家规定对新建、扩建企业和技术改造工程中的劳动条件和安全卫生设施与主体工程同时设计、同时施工、同时投产使用进行监督。对工会提出的意见，企业或者主管部门应当认真处理，并将处理结果书面通知工会。

第二十四条　工会发现企业违章指挥、强令工人冒险作业，或者生产过程中发现明显重大事故隐患和职业危害，有权提出解决的建议，企业应当及时研究答复；发现危及职工生命安全的情况时，工会有权向企业建议组织职工撤离危险现场，企业必须及时作出处理决定。

第二十五条　工会有权对企业、事业单位侵犯职工合法权益的问题进行调查，有关单位应当予以协助。

……

第三十三条　国家机关在组织起草或者修改直接涉及职工切身利益的法律、法规、规章时，应当听取工会意见。

县级以上各级人民政府制定国民经济和社会发展计划，对涉及职工利益的重大问题，应当听取同级工会的意见。

县级以上各级人民政府及其有关部门研究制定劳动就业、工资、劳动安全卫生、社会保险等涉及职工切身利益的政策、措施时，应当吸收同级工会参加研究，听取工会意见。

8. 中国工会应履行的义务

在享有权利的同时，中国工会也应履行一定的义务。根据《工会法》《劳动法》《劳动合同法》及《中国工会章程》等有关规定，工会应主要履行以下义务：

第一，自觉接受党的领导，认真学习贯彻党的路线、方针和政策，特别是党关于工人阶级和工会工作的重要思想、指导方针和指示要求，坚持走中国特色社会主义工会发展道路，团结带领广大职工群众听党话、跟党走。

第二，必须遵守宪法和法律，以宪法为根本的活动准则，维护宪法和法律的权威，坚持以经济建设为中心，坚持四项基本原则，坚持改革开放，围绕中心服务大局，依照法律和工会章程独立自主地开展工作。

第三，组织和教育职工依照宪法和法律的规定行使民主权利，发挥国家主人翁作用，根据法律规定通过职工（代表）大会或者其他形式，组织职工参与本单位的民主决策、民主管理和民主监督。

第四，贯彻"组织起来，切实维权"工会工作方针，通过平等协商和集体合同制度，构建和谐劳动关系。发现用人单位违反劳动法律规定，侵害职工合法权益的，应采取有效措施予以纠正，切实维护职工合法权益。

第五，密切联系职工群众，听取和反映职工的意见和要求，关心职工的生活，帮助职工解决困难，做职工群众的贴心人。要增强政治性、先进性、群众性，去除机关化、行政化、贵族化、娱乐化，努力把工会建设成为职工群众信赖的"职工之家"。

第六，动员和组织职工发扬工人阶级的主人翁精神，立足岗位建功立业，为实现中华民族伟大复兴的中国梦而努力奋斗。要教育职工不断提高思想道德、技术业务和科学文化素质，争当学习型、知识型、创新型劳动者，造就一支宏大的高素质职工队伍。

第七，制止用人单位违章指挥、强令工人冒险作业，监督用人单位加强劳动安全卫生工作，防止发生生产事故和职业危害，保护劳动者的安全与健康。

第八，帮助、指导职工签订劳动合同，参与劳动争议的协商调解，为职工提供法律服务，引导职工依法理性表达诉求，支持或代理职工提起劳动争议仲裁、诉讼。

第九，关心职工精神文化生活，开展文娱、体育活动，关爱职工身心健康，引导职工模范践行社会主义核心价值观。

第十，自觉接受上级工会的领导，及时向上级工会报告工作，反映情况，完成上级工会部署的各项任务。

规定索引 ⟫

1.《工会法》

第七条　工会动员和组织职工积极参加经济建设，努力完成生产任务和工作任务。教育职工不断提高思想道德、技术业务和科学文化素质，建设有理想、有道德、有文化、有纪律的职工队伍。

2.《中国工会章程》（总则）

中国工会坚持自觉接受中国共产党的领导，承担团结引导职工群众听党话、跟党走的政治责任，巩固和扩大党执政的阶级基础和群众基础。

……

中国工会维护工人阶级领导的、以工农联盟为基础的人民民主专政的社会主义国家政权，协助人民政府开展工作，依法发挥民主参与和社会监督作用。

……

中国工会努力巩固和发展工农联盟，坚持最广泛的爱国统一战线，加强包括香港特别行政区同胞、澳门特别行政区同胞、台湾同胞和海外侨胞在内的全国各族人民的大团结，促进祖国的统一、繁荣和富强。

9. 工会是职工群众自己的家

工会是职工群众自己的组织，把工会打造成职工群众的家园是党和国家对工会的要求，也是职工群众的期盼。这些年来，工会围绕党的要求，不断增强政治性、群众性、先进性，通过改革去除机关化、行政化、贵族化、娱乐化，俯下身子为职工群众服务，使工会成为职工群众温暖的家园。

具体来说，工会能为你做这些事。

第一，单位聘用你时，工会可以教你签合同。《劳动合同法》规定，工会应当帮助、指导劳动者与用人单位依法订立和履行劳动合同，并与用人单位建立集体协商机制，维护劳动者的合法权益。

第二，单位处分你时，工会有权提意见。企业、事业单位处分职工，工会有权提出意见。

第三，单位辞退你时，应当先通知工会。企业单方面解除职工劳动合同时，应事先将理由通知工会，工会认为企业的做法违反法律、法规和有关合同，可以要求重新研究处理。

第四，你与单位发生了劳动争议，工会帮你调解维权。职工认为企业侵犯其劳动权益而申请劳动争议仲裁或者向人民法院提起诉讼的，工会应当给予支持和帮助。

第五，你希望单位能涨涨工资福利，工会代表你集体协商。《工会法》《劳动法》《劳动合同法》明确要建立工资集体协商机制。

第六，你想参与单位的管理，工会通过职代会帮你实现。工会依照法律规定通过职工代表大会或者其他形式，组织职工参与本单位的民主决策、民主管理和民主监督。

第七，你想学点文化技术，工会职业培训助推帮你圆梦。比如广东省总工会从 2013 年启动的"求学圆梦行动"，帮助农民工上大学。

第八，你若想工作之余放松自己，工会有打球照相、吹拉弹唱等你参加。工会开展文体活动是强项，很受职工的欢迎。

第九，你在工作生活中有了困难，工会通过互助帮扶助你一臂之力。工会帮扶工作是直接为广大职工特别是困难职工服务的，涉及政策咨询、生活救助、就业服务、法律援助等方方面面。

第十，你若工作干得出色，工会可以推荐你当劳动模范。

工会就是劳动者自己的组织，温暖你我他。

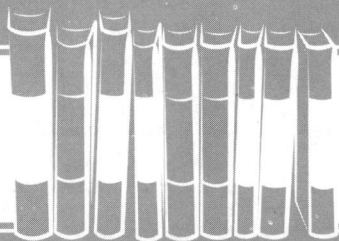

二

加入工会有条件

　　工会的大门向你打开，但加入工会还是需要具备一定条件的。

1. 加入工会是劳动者的权利

我国《宪法》第三十五条规定："中华人民共和国公民有言论、出版、集会、结社、游行、示威的自由。"参加和组织工会是属于劳动者的结社权，这一权利受国家法律的保护，任何组织和个人不得侵犯。《工会法》第三条规定："在中国境内的企业、事业单位、机关中以工资收入为主要生活来源的体力劳动者和脑力劳动者，不分民族、种族、性别、职业、宗教信仰、教育程度，都有依法参加和组织工会的权利。任何组织和个人不得阻挠和限制。"

为保证劳动者这一权利的实现，《工会法》第五十条规定："违反本法第三条、第十一条规定，阻挠职工依法参加和组织工会或者阻挠上级工会帮助、指导职工筹建工会的，由劳动行政部门责令其改正；拒不改正的，由劳动行政部门提请县级以上人民政府处理；以暴力、威胁等手段阻挠造成严重后果，构成犯罪的，依法追究刑事责任。"

规定索引 ···►

《工会法》

第十一条 基层工会、地方各级总工会、全国或者地方产业工会组织的建立，必须报上一级工会批准。

上级工会可以派员帮助和指导企业职工组建工会，任何单位和个人不得阻挠。

2. 加入工会应具备的条件

中国工会是一个政治性和群众性相统一的组织，加入工会应具备一定条件。《中国工会章程》第一条规定："凡在中国境内的企业、事业单位、机关和其他社会组织中，以工资收入为主要生活来源或者与用人单位建立劳动关系的体力劳动者和脑力劳动者，不分民族、种族、性别、职业、宗教信仰、教育程度，承认工会章程，都可以加入工会为会员。"根据这一规定，成为工会会员，必须同时具备三个条件：

第一，应当是劳动者。这里的劳动者不是泛指普通意义上从事劳动的人员，而是劳动法律意义上的劳动人员或从事公务工作的人员。

第二，以工资收入为主要生活来源或与用人单位建立劳动关系。这是一个选择性规定，只要符合一个即可。

第三，承认《中国工会章程》。

规定索引 ⟶

《工会法》

第三条 在中国境内的企业、事业单位、机关中以工资收入为主要生活来源的体力劳动者和脑力劳动者，不分民族、种族、性别、职业、宗教信仰、教育程度，都有依法参加和组织工会的权利。任何组织和个人不得阻挠和限制。

3. 谁算劳动者

成为工会会员应当是一名劳动者，《中国工会章程》中所称的劳动者，是指劳动法律意义上的劳动人员或从事公务工作的人员，应具备四个条件：

第一，具有法定的年龄。从年满 16 周岁（除特殊工种外）开始，到法定退休年龄截止。

第二，具备一定的劳动权利能力和劳动行为能力。劳动权利能力和劳动行为能力必须同时具备，缺一不可。比如，被判处有期徒刑的人，因失去人身自由，不具有劳动权利能力，不能成为劳动者；精神病患者或完全丧失劳动能力的人，因不具有劳动行为能力，也不能成为劳动者。

第三，依照劳动法律与用人单位建立劳动关系。即依据劳动法律与用人单位设定双方的权利与义务。依照《劳动合同法》第二条的规定，用人单位包括企业、事业单位、国家机关、社会团体、个体经济组织和民办非企业单位等组织。

第四，从事的劳动必须受国家法律保护。即劳动的内容是合法的，受法律保护如果从事违法劳动，比如从事贩毒、盗窃，就不是合法的劳动。

规定索引 ⟶

《劳动法》

第十二条 劳动者就业，不因民族、种族、性别、宗教信仰不同而受歧视。

第十三条 妇女享有与男子平等的就业权利。在录用职工时，除国家规定的不适合妇女的工种或者岗位外，不得以性别为由拒绝录用妇女或者提高对妇女的录用标准。

……

第十五条 禁止用人单位招用未满十六周岁的未成年人。

文艺、体育和特种工艺单位招用未满十六周岁的未成年人，必须依照国家有关规定，履行审批手续，并保障其接受义务教育的权利。

名词解释 ⟶

1. 经济活动人口——指在 16 周岁及以上，有劳动能力，参加或要求参加社会经济活动的人口。包括就业人员和失业人员。

2. 就业人员——指在 16 周岁及以上，从事一定社会劳动并取得劳动报酬或经营收入的人员。这一指标反映了一定时期内全部劳动力资源的实际利用情况，是研究我国基本国情国力的重要指标。

3. 单位就业人员——指报告期末最后一日 24 时在本单位中工作，并取得工资或其他形式劳动报酬的人员数。该指标为时点指标，不包括最后一日当天及以前已经与单位解除劳动合同关系的人员，是在岗职工、劳务派遣人员及其他就业人员之和。就业人员不包括：

（1）离开本单位仍保留劳动关系，并定期领取生活费的人员；

（2）利用课余时间打工的学生及在本单位实习的各类在校学生；

（3）本单位因劳务外包而使用的人员。

4. 城镇私营和个体就业人员——城镇私营就业人员指在工商管理部门注册登记，其经营地址设在县城关镇（含县城关镇）以上的私营企业就业人员，包括私营企业投资者和雇工。城镇个体就业人员指在工商管理部门注册登记，并持有城镇户口或在城镇长期居住，经批准从事个体工商经营的就业人员，包括个体经营者和在个体工商户劳动的家庭帮工和雇工。

5. 在岗职工——指在本单位工作且与本单位签订劳动合同，并由单位支付各项工资和社会保险、住房公积金的人员，以及上述人员中由于学习、病伤、产假等原因暂未工作仍由单位支付工资的人员。在岗职工还包括：

（1）应订立劳动合同而未订立劳动合同人员（如使用的农村户籍人员）；

（2）处于试用期人员；

（3）编制外招用的人员；

（4）派往外单位工作，但工资仍由本单位发放的人员（如挂职锻炼、外派工作等情况）。

4. 你的工资来源决定了你能否加入工会

以工资收入为主要生活来源，是指生活费用支出的大部分靠个人的工资、津贴、奖金或者其他工资性收入。改革开放以来，用人单位的分配方式发生了很大变化，劳动者获取劳动报酬的方式出现多样化，除传统的计时、计件两种基本工资形式外，还有奖金、津贴、生活补贴、绩效奖励等新的劳动报酬形式，这些都是劳动者赖以生存发展的经济基础，属于劳动者的工资性收入。机关、事业单位、社会团体等公职人员与单位之间建立的是工作关系，生活来源主要依靠的也是他们的工资收入。

工会是工人阶级的群众组织，代表和维护职工合法权益，现实中，工会更多是维护普通劳动者的合法权益，他们靠劳动谋生，其合法权益容易受到侵犯。是否以工资收入为主要生活来源，是判断劳动者身份的重要外在标准，自然也是判断能否加入工会的一个重要条件。

民营企业的企业主（股东、合伙人、个人独资），他们的生活来源主要依靠的是投资收益，并不是依靠所谓的"工资"，而且作为资产所有者，他们代表的是用人单位利益，因此不具备加入工会的条件。

规定索引 ╌╌▶

国家统计局《关于工资总额组成的规定》

第四条　工资总额由下列六个部分组成：

（一）计时工资；

（二）计件工资；

（三）奖金；

（四）津贴和补贴；

（五）加班加点工资；

（六）特殊情况下支付的工资。

第五条　计时工资是指按计时工资标准（包括地区生活费补贴）和工作时间支付给个人的劳动报酬。包括：

（一）对已做工作按计时工资标准支付的工资；

（二）实行结构工资制的单位支付给职工的基础工资和职务（岗位）工资；

（三）新参加工作职工的见习工资（学徒的生活费）；

（四）运动员体育津贴。

第六条　计件工资是指对已做工作按计件单价支付的劳动报酬。包括：

（一）实行超额累进计件、直接无限计件、限额计件、超定额计件等工资制，按劳动部门或主管部门批准的定额和计件单价支付给个人的工资；

（二）按工作任务包干方法支付给个人的工资；

（三）按营业额提成或利润提成办法支付给个人的工资。

第七条　奖金是指支付给职工的超额劳动报酬和增收节支的劳动报酬。包括：

（一）生产奖；

（二）节约奖；

（三）劳动竞赛奖；

（四）机关、事业单位的奖励工资；

（五）其他奖金。

第八条　津贴和补贴是指为了补偿职工特殊或额外的劳动消耗和因其他特殊原因支付给职工的津贴，以及为了保证职工工资水平不受物价影响支付给职工的物价补贴。

（一）津贴。包括：补偿职工特殊或额外劳动消耗的津贴，保健性津贴，技术性津贴，年功性津贴及其他津贴。

（二）物价补贴。包括：为保证职工工资水平不受物价上涨或变动影响而支付的各种补贴。

第九条　加班加点工资是指按规定支付的加班工资和加点工资。

第十条　特殊情况下支付的工资。包括：

（一）根据国家法律、法规和政策规定，因病、工伤、产假、计划生育假、婚丧假、事假、探亲假、定期休假、停工学习、执行国家或社会义务等原因按计时工资标准或计时工资标准的一定比例支付的工资；

（二）附加工资、保留工资。

第十一条　下列各项不列入工资总额的范围：

（一）根据国务院发布的有关规定颁发的发明创造奖、自然科学奖、科学技术进步奖和支付的合理化建议和技术改进奖以及支付给运动员、教练员的奖金；

（二）有关劳动保险和职工福利方面的各项费用；

（三）有关离休、退休、退职人员待遇的各项支出；

（四）劳动保护的各项支出；

（五）稿费、讲课费及其他专门工作报酬；

（六）出差伙食补助费、误餐补助、调动工作的旅费和安家费；

（七）对自带工具、牲畜来企业工作职工所支付的工具、牲畜等的补偿费用；

（八）实行租赁经营单位的承租人的风险性补偿收入；

（九）对购买本企业股票和债券的职工所支付的股息（包括股金分红）和利息；

（十）劳动合同制职工解除劳动合同时由企业支付的医疗补助费、生活补助费等；

（十一）因录用临时工而在工资以外向提供劳动力单位支付的手续费或管理费；

（十二）支付给家庭工人的加工费和按加工订货办法支付给承包单位的发包费用；

（十三）支付给参加企业劳动的在校学生的补贴；

（十四）计划生育独生子女补贴。

5. 建立劳动关系的劳动者也可以加入工会

随着我国市场经济的发展，就业形式和分配方式发生了深刻变化，一些劳动者的工资收入可能不是主要生活来源，如果仍以"工资收入为主要生活来源"为标准，一部分劳动者就无法加入工会组织。比如农民工，有的农闲时外出务工，挣些"零花钱"，主要生活来源靠的是种地卖粮和发展养殖种植业，但农民工务工时与用人单位建立了劳动关系，只要符合这一条件就有权申请加入工会。

这里需要搞清楚劳动关系的涵义。

劳动关系，是指依照我国劳动法律法规规章，由劳动者与用人单位建立的社会关系。劳动关系是生产关系的重要组成部分，是最基本、最重要的社会关系之一。不是所有人从事所有的劳动都能建立劳动关系。理解劳动关系的涵义，必须把握以下三个关键点：

第一，必须具有两方主体。建立劳动关系必须有两方主体，一方是符合劳动法律法规规定的劳动者，另一方是符合劳动法律法规规定的用人单位。

第二，必须依照劳动法律。建立劳动关系所依据的必须是国家劳动法律法规规章，双方的权利和义务只能依照劳动法律来设定，由劳动法律来调整。而不是依照其他法律法规规章，比如《合同法》《保险法》等。

第三，必须由用人单位安排劳动者劳动。建立劳动关系必须是劳动者为用人单位提供实际劳动。《劳动合同法》第十条第三款规定："用人单位与劳动者在用工前订立劳动合同的，劳动关系自用工之日起建立。"如果劳动者与用人单位仅签订了劳动合同，而用人单位并没有安排劳动者进行实际劳动，这时双方还没有建立劳动关系；如果用人单位已经安排劳动者进行实际劳动，即使双方还没有签订劳动合同，从劳动者提供实际劳动开始，双方劳动关系已经建立。

注意，本书中所说的职工，包括与用人单位建立劳动关系的劳动者和与机关、事业单位、社会团体等建立工作关系的公务人员。

那么为什么与用人单位建立劳动关系的劳动者可以加入工会呢？实际上，以工资收入为主要生活来源是一个外在的判断标准，本质上要看劳动者是否与用人单位建立了劳动关系。以民营企业为例，民营企业主是企业所有者，普通劳动者可以与民营企业建立劳动关系。但民营企业主不能与民营企业建立劳动关系，如果建立"劳动关系"，等同于"自己与自己"建立"劳动关系"，不仅逻辑上讲不通，也不符合劳动关系的本质要求。这就是为什么民营企业主不能加入工会的根本原因。

还有，外资企业聘请的高管，根据董事会的授权经营管理企业，有的企业与高管之间签订的是聘任合同，实行的是年薪制，这些高管并不是劳动法律意义上的普通劳动者。所签的聘任合同（有的可能名义上称为劳动合同）实质上是民事合同，不属于劳动合同，所建立的关系属于民事关系，而不是劳动关系。年薪往往与企业经营业绩挂钩，不属于一般意义的工资收入。所以，这样的高管不具备加入工会的条件。

规定索引

1. 《劳动合同法》

第十条 建立劳动关系，应当订立书面劳动合同。

已建立劳动关系，未同时订立书面劳动合同的，应当自用工之日起一个月内订立书面劳动合同。

用人单位与劳动者在用工前订立劳动合同的，劳动关系自用工之日起建立。

2. 《劳动合同法实施条例》

第二十一条 劳动者达到法定退休年龄的，劳动合同终止。

3. 原劳动和社会保障部《关于确立劳动关系有关事项的通知》(摘录)

近一个时期，一些地方反映部分用人单位招用劳动者不签订劳动合同，发生劳动争议时因双方劳动关系难以确定，致使劳动者合法权益难以维护，对劳动关系的和谐稳定带来不利影响。为规范用人单位用工行为，保护劳动者合法权益，促进社会稳定，现就用人单位与劳动者确立劳动关系的有关事项通知如下：

一、用人单位招用劳动者未订立书面劳动合同，但同时具备下列情形的，劳动关系成立。

（一）用人单位和劳动者符合法律、法规规定的主体资格；

（二）用人单位依法制定的各项劳动规章制度适用于劳动者，劳动者受用人单位的劳动管理，从事用人单位安排的有报酬的劳动；

（三）劳动者提供的劳动是用人单位业务的组成部分。

6. 用人单位的范围

用人单位，是指适用我国劳动法律法规规章，具有劳动用工权的各类组织。根据我国劳动法律的规定，用人单位包括五类：

第一类，企业。包括我国境内的各种所有制性质、各种治理形式的企业，无论该企业是否具有法人资格。

第二类，个体经济组织。是指雇工在 7 人以下的个体工商户。

第三类，民办非企业单位。是指公民、法人、社会组织利用非公有资产举办的，从事非营利性社会服务的组织，如民办学校、医院、图书馆、博物馆、科技馆等。

第四类，国家机关、事业单位和社会团体。当国家机关、事业单位和社会团体招用工勤人员时，需要签订劳动合同，适用劳动法律。

第五类，其他组织。即除前四类之外的组织，如会计师事务所、律师事务所、商标代理事务所、基金会等。

规定索引 .... ➔

1.《劳动合同法》

第二条　中华人民共和国境内的企业、个体经济组织、民办非企业单位等组织（以下称用人单位）与劳动者建立劳动关系，订立、履行、变更、解除或者终止劳动合同，适用本法。

国家机关、事业单位、社会团体和与其建立劳动关系的劳动者，订立、履行、变更、解除或者终止劳动合同，依照本法执行。

……

第九十六条 事业单位与实行聘用制的工作人员订立、履行、变更、解除或者终止劳动合同，法律、行政法规或者国务院另有规定的，依照其规定；未作规定的，依照本法有关规定执行。

2.《最高人民法院关于审理劳动争议案件适用法律若干问题的解释（三）》

第四条 劳动者与未办理营业执照、营业执照被吊销或者营业期限届满仍继续经营的用人单位发生争议的，应当将用人单位或者其出资人列为当事人。

第五条 未办理营业执照、营业执照被吊销或者营业期限届满仍继续经营的用人单位，以挂靠等方式借用他人营业执照经营的，应当将用人单位和营业执照出借方列为当事人。

7. 加入工会须承认《中国工会章程》

工会是职工自愿结合的工人阶级群众组织，把广大职工组织在一起，必须有一个共同遵守的章程，否则就是一盘散沙。《中国工会章程》以《工会法》为依据，由工会全国代表大会通过，是工会内部的规范性文件。《中国工会章程》对我国工会的性质地位、作用任务、领导体制、组织制度，以及会员的权利和义务等作出了全面的规定，各级工会组织和会员都应当遵守和执行。

　　承认《中国工会章程》是对职工加入工会的一个内在要求。申请加入工会的职工，必须承认工会章程，这样才能使全体会员为着共同的目标、共同的利益，形成共同的意志，采取一致的行动。唯此，工会组织才能具有凝聚力战斗力。如果允许不承认工会章程的职工加入工会，势必造成工会组织内部各行其是，一片混乱，甚至造成工会分裂。只有承认工会章程，服从工会组织的领导，执行工会决议，参加工会组织生活，行使会员权利，履行会员义务，按时交纳会费，才能保持工会组织的团结和统一。

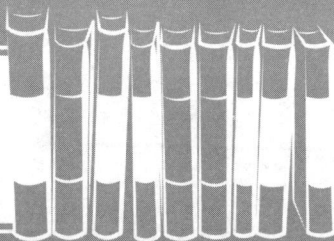

三
会籍的取得

　　加入工会取得会籍的方式其实很简单，你可以
试着做。

1. 加入工会的程序

《工会会员会籍管理办法》第五条规定："职工加入工会，由其本人通过口头或书面形式及通过互联网等渠道提出申请，填写《中华全国总工会入会申请书》和《工会会员登记表》，经基层工会审核批准，即为中华全国总工会会员，发给《中华全国总工会会员证》（以下简称《会员证》），享有会员权利，履行会员义务。工会会员卡（以下简称《会员卡》）也可以作为会员身份凭证。"根据这一规定，凡是符合条件的职工，只要本人自愿申请，经工会基层委员会批准，就可以成为工会会员。实际工作中，职工加入工会有三个步骤：

第一步，本人提出申请。要求入会的职工以口头或书面形式提出申请，也可以通过互联网等渠道提出申请，填写《中华全国总工会入会申请书》和《工会会员登记表》，报基层工会委员会。

第二步，基层工会审核批准。基层工会接到职工入会申请书后，应当及时召开会议，研究决定是否同意职工加入工会。审查的主要内容有：

（1）申请人是否符合入会条件；

（2）是否自愿；

（3）是否符合入会手续。

凡符合条件和入会手续的，基层工会应当批准。

第三步，发放《会员证》。基层工会批准后，给申请人发放《会员证》，并通知申请人从何时起交纳会费。

工会会员的会龄，从基层工会批准入会之日算起。

规定索引 ··>

《中国工会章程》

第二条　职工加入工会，由本人自愿申请，经工会基层委员会批准并发给会员证。

2. 关于基层工会的范围

关于基层工会的范围，《工会法》第十条有明确规定，但实际工作中往往有人容易产生主观理解，故有必要予以明确。根据《工会法》规定的精神，基层工会范围包括：

第一，企业、事业单位、机关、社会团体、个体经济组织、民办非企业单位等组织（统称用人单位）单独或联合建立的工会委员会，也包括设立主席或组织员一人。

第二，乡镇（街道）工会、开发区（工业园区）工会、村（社区）工会。

第三，县级以下建立的其他区域（行业）工会联合会。

规定索引

1.《工会法》

第十条　企业、事业单位、机关有会员二十五人以上的，应当建立基层工会委员会；不足二十五人的，可以单独建立基层工会委员会，也可以由两个以上单位的会员联合建立基层工会委员会，也可以选举组织员一人，组织会员开展活动。女职工人数较多的，可以建立工会女职工委员会，在同级工会领导下开展工作；女职工人数较少的，可以在工会委员会中设女职工委员。

企业职工较多的乡镇、城市街道，可以建立基层工会的联合会。

县级以上地方建立地方各级总工会。

同一行业或者性质相近的几个行业，可以根据需要建立全国的或者地方的产业工会。

全国建立统一的中华全国总工会。

……

第十四条 中华全国总工会、地方总工会、产业工会具有社会团体法人资格。

基层工会组织具备民法通则规定的法人条件的，依法取得社会团体法人资格。

2.《中国工会章程》

第二十五条 企业、事业单位、机关和其他社会组织等基层单位，应当依法建立工会组织。社区和行政村可以建立工会组织。从实际出发，建立区域性、行业性工会联合会，推进新经济组织、新社会组织工会组织建设。

有会员二十五人以上的，应当成立工会基层委员会；不足二十五人的，可以单独建立工会基层委员会，也可以由两个以上单位的会员联合建立工会基层委员会，也可以选举组织员或者工会主席一人，主持基层工会工作。工会基层委员会有女会员十人以上的建立女职工委员会，不足十人的设女职工委员。

职工二百人以上企业、事业单位的工会设专职工会主席。工会专职工作人员的人数由工会与企业、事业单位协商确定。

基层工会具备法人条件，依法取得社团法人资格，工会主席为法定代表人。

3. 提出入会申请的步骤

职工本人提出申请是加入工会的第一步。怎样提出申请呢，实践中分两种情况：

第一种情况，如果用人单位有工会，职工可以向用人单位工会提出，由用人单位工会受理申请，进行审核批准；也可以按照属地和行业就近原则，向用人单位所在地的上级工会〔乡镇（街道）、开发区（工业园区）、村（社区）工会，县级以下区域（行业）工会。下同〕提出，上级工会把入会申请转到用人单位工会，由用人单位工会审核批准。

第二种情况，如果用人单位没有工会，职工可按照属地和行业就近原则，向用人单位所在地的上级工会提出，上级工会直接受理职工的入会申请，进行审核批准。当用人单位建立工会后，会员把工会组织关系转接到职工所在单位工会。

规定索引 ─────────────────────────→

《工会会员会籍管理办法》

第六条　尚未建立工会的用人单位职工，按照属地和行业就近原则，可以向上级工会提出入会申请，在上级工会的帮助指导下加入工会。用人单位建立工会后，应及时办理会员会籍接转手续。

4. 网上申请入会更快捷

为方便职工入会，各地工会开辟了网上申请入会，虽然网络设置各有不同，但基本流程大致是一样的：申请入会的职工，通过工会网站，点击"我要入会"窗口，根据网上提示，输入申请者的有关信息，然后提交。根据申请者提交的劳动（工作）单位信息，网络会自动或根据设置权限把职工提交的申请分派到所在单位工会，由所在单位工会联系申请者，核实有关信息，办理入会手续；如果用人单位没有工会，按属地和行业就近原则，网络会自动或根据设置权限把职工提交的申请分派到用人单位所在地的上级工会，由上级工会联系申请者，办理入会手续。当用人单位建立工会后，会员再办理会籍转接手续。

需要特别指出的是，"网上申请入会"不等于"网上入会"，这是两个完全不同的概念，这里有必要予以澄清。

相对于口头或书面申请，网上申请的意义仅仅是提供了一个新的申请渠道或申请方式，绝对不是通过网络申请就可以直接加入工会。加入工会，可以线上申请，但必须线下办理，基层工会接到网上申请后，必须与申请者取得联系、见面会谈，核实确认申请者的有关信息，按程序和条件，区分不同情况进行处理。如基层工会审核批准的，给申请者发放会员证，可以当面发放，也可以邮寄发放，把申请者的信息登录会员实名数据库；不符合入会条件的，可通过网络回复说明，也可书面回复说明，并把处理情况反馈到上一级工会。

值得注意的是，有的地方提出"网上入会"，这种做法很不严肃，是很危险的。工会不是一般性的社会组织，具有很强的政治性，基层工会必须与申请者见面，确认其身份和有关信息，绝不能让工会成为"虚拟工会"。

规定索引

《中华全国总工会关于增强基层工会活力 发挥基层工会作用的实施意见》（2016 年 摘录）

5. 改革创新会员发展和会籍管理工作。积极探索职工入会新途径，打通职工入会"最后一公里"，把科技工作者、青年职工、农民工、劳务派遣工、灵活就业人员等最大限度地组织到工会中来。按照属地区域就近或行业就近原则，发挥区域（行业）基层工会联合会、乡镇（街道）、村（社区）工会的作用，吸收所辖区域（行业）内未建会单位职工加入工会，会员达到一定人数再建立单位工会。开辟职工网上申请入会渠道，建立线上申请、线下办理的工作流程，为职工入会提供便捷服务。加强会员会籍管理，建立会员实名制数据库，实行动态管理，逐步实现会员会籍管理制度化、规范化、信息化。按照劳动（工作）关系在哪里、会员会籍就在哪里的原则，健全会员档案，规范会员关系接转，实行"一次入会、动态接转"，逐步建立城乡一体的会员管理和流转服务工作机制。

5. 农民工申请入会问题

农民工是我国改革开放以来涌现出的一支新型劳动者大军，是建设国家的重要力量，也是我国职工队伍的重要组成部分。农民工只要与用人单位建立劳动关系，符合《中国工会章程》规定条件的，都有权申请加入工会，任何单位和个人不得以户籍或工作时间长短为由限制他们加入工会。

早在2003年8月4日，中华全国总工会在《关于切实做好维护进城务工人员合法权益工作的通知》中指出，要依法维护进城务工人员参加和组织工会的权利。凡与用人单位建立劳动关系的职工，不论其户籍是否在本地区或工作时间长短，都有依法组织和参加工会的权利，任何组织和个人不得阻挠和限制。各级工会要依照《工会法》《劳动法》和《中国工会章程》的规定，组织进城务工人员加入工会。在公有制企事业单位，要按照有关法律政策规定，对进城务工人员与城镇职工一视同仁，不得拒绝他们入会。统计职工入会率，必须包括进城务工人员在内的所有职工。要抓紧做好非公有制企业特别是使用进城务工人员较多企业的工会组建工作，最大限度地把进城务工人员组织到工会中来。

农民工已经成为我国产业工人的主力军，数量庞大、分布广泛、流动性大，2017 年农民工总量为 2.82 亿。多年来，各级工会集中全会力量，采取了一系列措施，持续开展"农民工入会集中行动"，简化农民工入会手续，创新农民工入会方式，开辟了网上申请入会渠道，采取集体登记入会、劳动力市场入会、街道和社区直接吸收入会等方式，极大地方便了农民工入会，努力最大限度把农民工吸收到工会组织中来，使他们成为工人阶级坚定可靠的新生力量。到 2017 年已有农民工会员 1.41 亿，成为工会组织的会员基础。

6. 灵活就业人员入会问题

灵活就业人员，这是一个社会术语，一般指没有固定用人单位（工作单位）的从业人员，比如自由作家、网络撰稿人、个体演职人员、个体工商户、家政人员等。这类从业人员的情况比较复杂，不能一概而论，应根据具体情况，区别对待。判断的标准是：与用人单位建立劳动关系的，可以申请加入工会；没有建立劳动关系的，不具备申请加入工会的条件。例如个体工商户，自己经营，不存在劳动关系问题，不具备加入工会的条件；再如家庭保姆，如果与家政服务公司建立了劳动关系，就可以申请加入家政公司工会；如果与家政服务公司没有建立劳动关系，而是直接与雇主联系从事家政服务的，是不能申请加入工会的。

非全日制用工也属于灵活就业方式，它是指以小时计酬为主，劳动者在同一用人单位一般平均每日工作时间不超过四小时，每周工作时间累计不超过二十四小时的用工形式。因非全日制用工从业人员与多个用人单位建立劳动关系，根据自己的意愿，可以选择其中一个用人单位申请加入工会，也可以申请加入所在地的乡镇（街道）、开发区（工业园区）、村（社区）工会和区域（行业）工会。这里的所在地，包括灵活就业人员的居住地和用人单位所在地。加入哪一个工会，会籍就由哪一个工会管理，但不能重复加入多个基层工会。

规定索引

1. 《劳动合同法》

第六十八条　非全日制用工，是指以小时计酬为主，劳动者在同一用人单位一般平均每日工作时间不超过四小时，每周工作时间累计不超过二十四小时的用工形式。

第六十九条　非全日制用工双方当事人可以订立口头协议。

从事非全日制用工的劳动者可以与一个或者一个以上用人单

位订立劳动合同；但是，后订立的劳动合同不得影响先订立的劳动合同的履行。

2.《工会会员会籍管理办法》

第七条　非全日制等形式灵活就业的职工，可以申请加入所在单位工会，也可以申请加入所在地的乡镇（街道）、开发区（工业园区）、村（社区）工会和区域（行业）工会联合会等。会员会籍由上述工会管理。

第八条　农民工输出地工会开展入会宣传，启发农民工入会意识；输入地工会按照属地管理原则，广泛吸收农民工加入工会。农民工会员变更用人单位时，应及时办理会员会籍接转手续，不需重复入会。

7. 劳务派遣工入会问题

劳务派遣是一种特殊的用工方式。

一般情况下，劳动用工的基本形式是劳动合同用工，劳动关系的建立涉及两方主体：劳动者和用人单位。而劳务派遣用工涉及三方主体：劳动者、用人单位和用工单位。

劳务派遣用工是劳动用工的一种补充形式，只能在临时性、辅助性或者替代性的工作岗位上实施。这种用工形式的特殊性在于，劳动者与劳务派遣单位签订劳动合同，

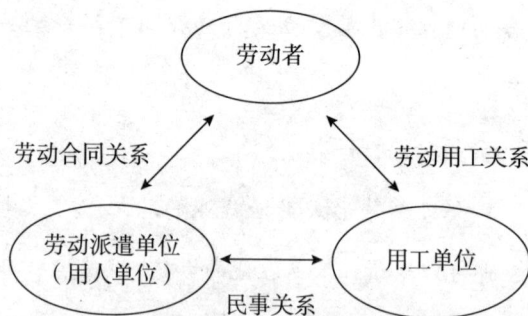

劳务派遣劳动关系示意图

建立劳动合同关系，但劳动者被派遣到用工单位实施劳动，劳动者与用工单位建立用工关系；劳务派遣单位与用工单位建立民事关系。简单说就是，有关系没劳动，有劳动没关系。为保护劳务派遣工的合法权益，规范劳务派遣用工，《劳动合同法》《劳动合同法实施条例》及《劳务派遣暂行规定》都作出了特别规定。

由于劳务派遣用工的特殊性，现实中，一些劳务派遣单位与用工单位相互推诿，致使相当数量的劳务派遣工加入工会的权利难以落实。为破解劳务派遣工入会难这一问题，2009 年 4 月 30 日，中华全国总工会《关于组织劳务派遣工加入工会的规定》第一条明确规定："劳务派遣单位和用工单位都应依法建立工会组织，吸收劳务派遣工加入工会，任何组织和个人不得阻挠和限制。劳务派遣工应当首先选择参加劳务派遣单位工会，劳务派遣单位工会委员会中应有相应比例的劳务派遣工会员作为委员会成员。劳务派遣单位没有建立工会组织的，劳务派遣工直接参加用工单位工会。"这一规定明确了三个重要问题：

第一，劳务派遣单位和用工单位都应依法支持劳务派遣工加入或建立工会组织；

第二，劳务派遣工享有加入工会的权利，任何组织和个人不得阻挠和限制；

第三，劳务派遣工的第一选择是申请加入劳务派遣单位工会，如果劳务派遣单位没有建立工会的，有权申请加入用工单位工会。实际工作中，应强化劳务派遣单位建立工会。

规定索引 ···➤

1. 《劳动合同法》

第十七条　劳动合同应当具备以下条款：

（一）用人单位的名称、住所和法定代表人或者主要负责人；

（二）劳动者的姓名、住址和居民身份证或者其他有效身份证件号码；

（三）劳动合同期限；

（四）工作内容和工作地点；

（五）工作时间和休息休假；

（六）劳动报酬；

（七）社会保险；

（八）劳动保护、劳动条件和职业危害防护；

（九）法律、法规规定应当纳入劳动合同的其他事项。

劳动合同除前款规定的必备条款外，用人单位与劳动者可以约定试用期、培训、保守秘密、补充保险和福利待遇等其他事项。

……

第五十八条　劳务派遣单位是本法所称用人单位，应当履行用人单位对劳动者的义务。劳务派遣单位与被派遣劳动者订立的劳动合同，除应当载明本法第十七条规定的事项外，还应当载明被派遣劳动者的用工单位以及派遣期限、工作岗位等情况。

劳务派遣单位应当与被派遣劳动者订立二年以上的固定期限劳动合同，按月支付劳动报酬；被派遣劳动者在无工作期间，劳务派遣单位应当按照所在地人民政府规定的最低工资标准，向其按月支付报酬。

第五十九条　劳务派遣单位派遣劳动者应当与接受以劳务派遣形式用工的单位（以下称用工单位）订立劳务派遣协议。劳务派遣协议应当约定派遣岗位和人员数量、派遣期限、劳动报酬和社会保险费的数额与支付方式以及违反协议的责任。

用工单位应当根据工作岗位的实际需要与劳务派遣单位确定派遣期限，不得将连续用工期限分割订立数个短期劳务派遣协议。

……

第六十四条　被派遣劳动者有权在劳务派遣单位或者用工单位依法参加或者组织工会，维护自身的合法权益。

……

第六十六条　劳动合同用工是我国的企业基本用工形式。劳务派遣用工是补充形式，只能在临时性、辅助性或者替代性的工作岗位上实施。

2.《劳动合同法实施条例》

第三十条　劳务派遣单位不得以非全日制用工形式招用被派遣劳动者。

3.《劳务派遣暂行规定》

第三条　用工单位只能在临时性、辅助性或者替代性的工作岗位上使用被派遣劳动者。

前款规定的临时性工作岗位是指存续时间不超过6个月的岗位；辅助性工作岗位是指为主营业务岗位提供服务的非主营业务岗位；替代性工作岗位是指用工单位的劳动者因脱产学习、休假等原因无法工作的一定期间内，可以由其他劳动者替代工作的岗位。

用工单位决定使用被派遣劳动者的辅助性岗位，应当经职工代表大会或者全体职工讨论，提出方案和意见，与工会或者职工代表平等协商确定，并在用工单位内公示。

第四条　用工单位应当严格控制劳务派遣用工数量，使用的被派遣劳动者数量不得超过其用工总量的10%。

前款所称用工总量是指用工单位订立劳动合同人数与使用的被派遣劳动者人数之和。

计算劳务派遣用工比例的用工单位是指依照劳动合同法和劳动合同法实施条例可以与劳动者订立劳动合同的用人单位。

8. 复员转业军人申请入会问题

复员转业军人只要与用人单位建立劳动（工作）关系，符合《中国工会章程》规定条件的，就有权申请加入工会。分两种情况处理：

第一，应征入伍前没有加入工会组织的复员转业军人，如到用人单位就业的，可向用人单位工会提出入会申请，依照入会程序，加入工会。如用人单位没有建立工会的，按照属地和行业就近原则，向上级工会申请加入工会，当用人单位建立工会后，再办理会籍接转手续。

第二，应征入伍前在企业、事业单位、机关、社会团体和其他社会组织已加入工会，入伍时办理了保留会籍手续的，复员转业到用人单位就业后，可凭会员证接转组织关系，不必再履行入会手续。但如果会员证丢失，也无法找到会员组织关系书面证明的，只能再次履行入会程序。

规定索引 ─────────────────────────────→

《工会会员会籍管理办法》

第二十条 已经加入工会的职工，在其服兵役期间保留会籍。服兵役期满，复员或转业到用人单位并建立劳动关系的，应及时办理会员会籍接转手续。

9. 城镇居民委员会从业人员申请入会问题

居民委员会是我国城镇的基层自治组织，由城市街道办事处管理，居委会领导机构由居民或居民代表选举产生，为居民服务。居民委员会从业人员中，有的属于离退休人员，领取适当补贴；而有的是专职从业人员，以工资收入为主要生活来源。根据中华全国总工会组织部转发上海市总工会组织部《在街道集体企业、事业单位建立工会组织的情况报告》的意见，居民委员会可以建立工会组织。居民委员会作为社会组织，属于用人单位，只要从业人员与居民委员会建立劳动（工作）关系的，就可依照《中国工会章程》的规定，申请加入工会，经基层工会委员会批准，成为工会会员。

10. 外籍职工加入中国工会的问题

关于外籍职工能否申请加入中国工会问题，1979 年 1

月23日，中华全国总工会在《关于外籍职工参加工会的意见》中明确："凡在我国厂矿企业、事业单位和学校从事体力或脑力劳动的外籍职工，自愿申请参加中国工会，符合会员条件的，可按照工会章程的规定同意其加入工会。但不公开宣传动员。外籍职工回国时，收回会员证，不转会员的组织关系，可由省、市、自治区总工会发给参加过中国工会的证明信。"这说明，早在改革开放初期，中华全国总工会已经明确同意外籍职工可以加入中国工会。

1985年，《中华全国总工会组织部函复中外合资经营企业外籍职工加入工会等问题》中重申："在中外合资经营企业的外籍职工（不包括外商代理人）入会问题未作具体规定前，可参照上述文件精神的规定处理。"这里又沿袭了1979年《关于外籍职工参加工会的意见》的精神。当然，实际工作中也有人出于政治考虑，认为外籍职工不宜申请加入中国工会。改革开放40多年的实践证明，外籍职工加入中国工会并没有带来任何不利的影响，应按照全总已有的规定，允许外籍职工申请加入中国工会，我们应当具有这样的胸怀和自信。

11. 离退休职工申请入会问题

关于离退休职工能否申请加入工会或成立工会组织的

问题，中华全国总工会有关部门已多次作过明确答复，这里看一下有关答复或意见。

1981 年 8 月 11 日，中华全国总工会组织部给广东省总工会组织部《关于已退休的职工能否参加工会的问题的复函》明确："按照规定，会员退休后保留会籍，职工退休前没有参加工会，退休后原则上一般不再吸收入会。但是，由于多种原因，特别是属于错划、错判、错案，或者本人提出申请工会组织未批等等，从有利于安定团结，考虑他们的愿望和要求，可以按照工会章程的规定，根据不同情况区别对待，为个别人办理加入工会手续，然后，保留其会籍。"从《复函》可知，已退休的职工，因已离开了工作岗位，一般情况下，工会组织不再吸收他们加入工会。

1981 年 9 月 18 日，中华全国总工会组织部《关于离职休养人员的会籍如何处理的意见》规定："离职休养的工会会员。应按工会章程第七条的规定，办理保留会籍手续。保留会籍期间，免交会费。工会组织对于离休后保留会籍的同志，应热情地尽可能地在生活、学习、文体、娱乐等方面予以照顾。"

1983 年 5 月 30 日，中华全国总工会组织部、财务部《关于离职休养的工会会员会籍处理的意见》（工组发

〔1983〕3 号、工财部〔1983〕82 号）中指出："近来收到一些工会组织来函，询问离职休养的会员的会籍如何处理的问题。1981 年，我们曾就此问题以组工发〔1981〕6 号文答复过陕西省总工会组织部，并抄送各省、市、自治区总工会组织部。据了解，目前各地对这个问题的认识和处理不尽一致。为了统一解决这个问题，我们的意见：离职休养的会员应和退休的会员一样，按工会章程第七条的规定办理保留会籍手续，保留会籍期间，免交会费。请参照执行。"

2006 年 1 月 6 日，中华全国总工会办公厅《关于不单独成立离退休职工工会组织的通知》指出："单独成立离休、退休职工工会组织不符合《中国工会章程》的规定。对离休、退休职工要求成立工会组织的，上级工会要依据相关法规做好解释工作，不予审批。"

根据上述答复或意见的精神，离退休职工是不能申请加入工会的，也不能成立所谓的离退休职工工会组织。

12. 刑满释放人员、被开除会籍的人员的入会问题

1979 年 2 月 27 日，中华全国总工会组织部《关于工会会员资格和会籍处理问题的几点意见》第四条规定："凡依法判处徒刑的犯罪分子和依法剥夺政治权利的分子，

一律开除会籍。刑满释放、恢复组织权利的，经群众讨论同意，可按照工会章程的规定，重新申请加入工会。"第五条规定："依法判处劳动教养，停止使用公民权的分子，已经加入工会的，在劳动教养期间停止会籍；在解除劳动教养后，经群众讨论同意，可恢复会籍。"第六条规定："开除厂籍留用察看的人员，在留用察看期间，不得加入工会；已经加入工会的，在留用察看期间，一般可不处理会籍。"

根据上述规定的精神，刑满释放人员，如恢复公民政治权利，与用人单位建立劳动关系的，经会员群众讨论同意，可按《中国工会章程》规定，重新申请加入工会。因违反工会章程被开除会籍的，经教育改正错误，并经会员群众讨论同意的，可按《中国工会章程》规定，重新申请加入工会。

13. 私营企业主、 个体工商户申请入会问题

前面已经分析过，私营企业主不具备加入工会的条件，是不能加入工会的。我们看一下全总有关部门的答复，1994 年 1 月 12 日，中华全国总工会组织部在给天津市河北区总工会组织部《关于私营企业主能否加入工会组织问题的复函》中指出："你部去年 6 月 1 日给全总基层

部的来信已转我们。关于私营企业主能否加入工会的问题，我部在 1988 年下发的《关于在私营企业进行组建工会试点的意见》中明确指出：组建私营企业工会，'要根据工会法和工会章程的规定，坚持会员条件，即以工资收入为主要生活来源的职工，方能加入工会。' 目前，我国的私营企业仍然存在着雇佣关系，私营企业主与私营企业职工之间有共同利益，也有各自不同的利益，在建立社会主义市场经济体制的过程中，由于法律尚在完备、制度不健全，业主侵害职工合法权益的现象增加，业主与职工之间的利益矛盾越来越突出。《中国工会章程》规定，'工会是会员利益的代表。' 在私营企业组建工会，是为了协调劳动关系，维护职工合法权益。因此，组建私营企业工会应认真坚持会员条件，私营企业主不宜加入工会组织。"

个体工商户属于个体经济组织，是用人单位，其户主既是从业者，也是用人单位利益代表者，户主是不可能与自己建立劳动关系的。所以，个体工商户不具备加入工会的条件。但个体工商户雇佣的其他劳动者，只要与个体工商户建立劳动关系，符合《中国工会章程》规定的条件，是可以申请加入工会的。

规定索引 ···➤

1. 《劳动合同法》

第二条 中华人民共和国境内的企业、个体经济组织、民办非企业单位等组织（以下称用人单位）与劳动者建立劳动关系，订立、履行、变更、解除或者终止劳动合同，适用本法。

国家机关、事业单位、社会团体和与其建立劳动关系的劳动者，订立、履行、变更、解除或者终止劳动合同，依照本法执行。

2. 《最高人民法院关于审理劳动争议案件适用法律若干问题的解释（二）》

第九条 劳动者与起有字号的个体工商户产生的劳动争议诉讼，人民法院应当以营业执照上登记的字号为当事人，但应同时注明该字号业主的自然情况。

14. 举行入会仪式

截至 2017 年 9 月 30 日，我国工会会员已有 3.06 亿，可以说中国工会是世界上最大的工会组织。同时，也存在一个不容忽视的现实问题，即总体上会员意识不强，基层工会活力不足。与中华人民共和国成立初期相比，职工入会之前缺乏渴望感、入会过程缺乏神圣感、入会之后缺乏自豪感。大多数职工特别是农民工对工会缺乏了解，不知道工会是干什么的，加入工会的愿望不够强，有的甚至是被动入会，当然，这也存在工会宣传启发引导不够的问题。加入工会的过程没有庄重的仪式，心理上感觉比较随意。成为会员后，没有真正认识到自己是工会组织的一员，对工会缺乏认同感归属感，这是基层工会活力不足的一个重要原因。当然，增强基层工会活力是一个大课题，需要综合施策、对症下药、精准发力。其中增加入会仪式感是一项有意义的举措，一些地方和基层工会探索举行入会仪式、集体发放会员证或会员卡等方式，来培育会员意识，值得提倡学习、借鉴、推广。

规定索引 ···→

《工会会员会籍管理办法》

第十条 基层工会可以通过举行入会仪式、集体发放会员证或会员卡等形式，增强会员意识。

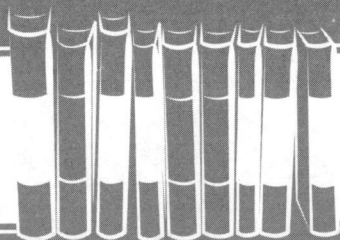

四

会籍管理

工会是一个组织，劳动者加入工会后，要接受工会组织的管理，履行会员的义务。

1. 工会会员会籍的概念

工会会员会籍，简称会籍，指职工申请加入工会被批准后取得的会员资格。简单理解，会籍就是会员资格。会员资格是一个抽象的概念，看不见摸不着，体现的是职工的一种身份。

人们很容易把会籍等同于入会申请书、会员登记表或会员证等书面凭证，严格地讲，其涵义是不同的，但又存在内在联系。职工申请加入工会，履行一定的程序，取得会员资格，自然会产生一些书面凭证，而这些书面凭证是用来证明职工会员资格的必要依据。简单地说，会员资格是无形的，书面凭证是有形的，无形的会员资格需要有形的书面凭证来证明，二者不可分割。比如，中国人的身份是中华人民共和国公民，怎么证明公民这一身份呢？就需要身份证或户口簿等有效证件来证明。2016 年中华全国总工会颁布的《工会会员会籍管理办法》第二条规定:"工会会员会籍是指工会会员资格,是职工履行入会手续后工会组织确认其为工会会员的依据。"这一规定从便于工作出发,把工会会籍明确为会员资格和会员组织关系的书面凭证,而且主要是指会员组织关系的书面凭证。

规定索引 ···→

《工会会员会籍管理办法》

第二条　工会会员会籍是指工会会员资格,是职工履行入会手续后工会组织确认其为工会会员的依据。

2. 会籍管理的内容

会籍管理,就是对会员资格的管理,实际上是关于会员组织关系的审核批准、登记确认、保管接转、查询证明等具体事务。会籍管理是工会组织建设的一项基础性经常性工作,具体包括办理职工入会、发放会员证、建立会员档案、会员组织关系接转、办理会员保留会籍,以及办理会员退会、开除会籍等手续,并对所产生的一系列书面凭证进行妥善保管。

规定索引 ··➤

《中华全国总工会办公厅关于进一步加强〈中华全国总工会会员证〉管理工作的通知》

会员证是证明工会会员身份的重要凭证。加强对会员证的规范管理，是加强工会会员会籍管理的基本内容，对于强化工会会员意识、保障工会会员权利具有重要作用。

3. 规范会籍管理的意义

工会是职工自愿结合的工人阶级的群众组织。作为人与人结合起来的社会组织，以组织的名义参与社会活动，必须按照一定的制度和机制来规范组织建设，保障其有序有效运转。

会籍是会员组织关系的起点，会员的权利和义务与会籍紧密相关，因此，规范会籍管理是十分必要的。概括起来，规范会籍管理的意义有以下三个方面：

第一，有利于加强工会组织建设，提升基层工会规范化管理的水平，增强工会组织力；

第二，有利于培育会员意识，强化会员对工会组织的认同感归属感，增强工会的吸引力凝聚力；

第三，有利于工会联系会员、关心会员，了解会员的愿望和诉求，为会员提供服务和帮助，保障会员的各项权利。

规定索引 ·· ➤

《工会会员会籍管理办法》

第一条 为规范工会会员会籍管理工作，增强会员意识，保障会员权利，根据《中华人民共和国工会法》和《中国工会章程》等有关规定，制定本办法。

4. 会籍管理的基本要求

工会是劳动关系的产物，会籍管理与会员的劳动（工作）关系紧密相关。《工会会员会籍管理办法》第三条规定："工会会员会籍管理，随劳动（工作）关系流动而变动，会员劳动（工作）关系在哪里，会籍就在哪里，实行一次入会、动态接转。"因此，会籍管理应把握两个基本要求：

第一，会籍与劳动（工作）关系在一起，会员劳动（工作）关系在哪里，会籍就应该在哪里；

第二，无论劳动（工作）关系在哪里，职工只要一次加入工会，就可以成为中华全国总工会会员。如到另一个用人单位工作，办理会籍转接手续即可，无须重复办理入会手续。在实际工作中，办理重复入会的做法是错误的，不仅给职工增添麻烦，也会给工会组织建设造成混乱。

规定索引 ··➔

《中国工会章程》

第五条　会员组织关系随劳动（工作）关系变动，凭会员证明接转。

5. 做好会员情况登记工作

会员情况登记是建立会员档案的起点，也是工会统计工作的基础，基层工会应建立和健全会员情况登记制度，切实做好会员情况登记工作。

第一，登记项目要完备。一般包括：姓名、性别、出生年月、民族、家庭出身、本人成分、文化程度、经济收入、政治面貌、入会时间、会内职务、联系方式、家庭成员情况和备注等。在实际登记时，各基层工会可根据本单位工会会员的具体情况，适当增减登记项目。

第二，登记时间要及时。要以会员的正式组织关系为依据，对新会员和调入本单位工作而转入工会组织关系的会员，要及时地进行登记，对自愿退会、自动退会、开除会籍，以及调离本单位工作而转出工会组织关系或死亡的，要及时按规定备注。

第三，登记应由专人负责。要有专人负责会员情况登记工作，一般由工会基层委员会的组织委员负责，也可以由其他人负责。登记人应认真负责，严谨细致，实事求是，注意保密，不得泄露会员信息。

6. 会员档案立卷的内容

会员档案立卷，指会员档案文书立卷，就是把会员的有关材料按照一定的联系和规律组成案卷，归类建档，以便保管和查询。这是会员会籍管理的一项重要的基础性工作。会员档案立卷的主要内容分为两大类：

第一类，会员本人的材料立卷，比如会员会籍、会员登记表、劳动保险登记卡片、因会员劳动（工作）单位变动而发生的会员组织关系变化，以及会员离退休、会员死亡等；

第二类，会员本人历次获奖及受处分情况的材料立卷，比如优秀工会工作者登记表、优秀工会积极分子登记表、先进女职工工作表、先进工会财务工作，以及对会员处分等材料。对于没有查询利用价值的材料，或与会员没有直接关系的材料，不需要立卷。

会员档案立卷应注意三点要求：

一要把应归档的会员材料收集齐全，按照材料的内在联系和规律，恰当分类立卷；

二要区别材料的价值，正确划分保管期限；

三要保证成案卷后便于保管、查询和利用。

7. 会员档案立卷的具体步骤

第一步，立卷，先编一个立卷类目，以便有计划有条理地进行立卷工作；

第二步，归卷，把已经处理好的材料，随时按立卷类目的条款归纳进去；

第三步，组卷，年终将平时积累的材料加以整理，正式组合案卷；

第四步，定卷，在正式组卷的基础上，进行编目加工。比如编卷内的材料张数、目录、填写案卷封面标题和备查表等；

第五步，归档，把已经立好的案卷，按照归档制度，由基层工会正式向本级工会组织委员或专职人员进行交接。负责档案管理的人员，要制作索引工具。工会会员档案索引工具，一般可按照汉语拼音去制作。比如，将会员的姓氏按照汉语拼音的先后顺序编成目录、页码等。

此外，还要注意档案管理移交的手续。为保持会员档案管理工作的连续性，工会组织委员或专职人员一旦要调离工作的，要及时配备新的工会会员档案管理人员。在会员档案管理工作交接中，要写明案卷总数、移交人、接受人、交换时间等，并履行签字手续。

规定索引 ··➤

《工会会员会籍管理办法》

第十一条　基层工会应建立会员档案，实行会员实名制，动态管理会员信息，保障会员信息安全。

8. 会员享有的权利

职工加入工会，成为工会组织的一员，应享有会员的权利。根据《中国工会章程》第三条的规定，工会会员享有以下权利：

第一，选举权、被选举权和表决权。这是工会会员最基本、最重要的权利。选举权，就是工会会员有选举出席工会代表大会代表和工会组织领导人的权利。被选举权，就是工会会员有被选举为出席工会代表大会代表和工会组织领导人的权利。表决权，就是会员有权对工会委员、工会主席、副主席候选人，工会有关会议的决议、决定，表示赞成、反对或弃权的权利。

第二，批评和监督的权利。批评和监督权是会员的一项重要权利。工会工作人员，不仅包括工会代表大会代表、工会委员会委员、常务委员、主席、副主席，也包括工会领导机构中的普通工作人员，他们的职责就是履行工会组织的决议，为广大会员服务。如果他们不能代表大多数会员利益，不为会员说话，不认真为工会组织和会员办事，会员有权提出批评，进行监督。对少数违法乱纪或有严重失职行为，已经失去会员信任和拥护的不称职的工会工作人员，每个会员都可以依据事实，提出撤换或罢免其职务的建议，或要求其选举单位依据事实，按照有关程序作出撤换或罢免决定。赋予会员批评和监督权，就是要始终把会员代表、工会委员、主席和副主席置于广大会员的监督之下，这对工会工作人员履职尽责具有重要督促作用。

第三，对国家和社会生活问题及本单位工作提出批评与建议，要求工会组织向有关方面如实反映的权利。工会会员既是工会的主人，也是国家的主人。我国《宪法》规定："人民依照法律规定，通过各种途径和形式，管理国家事务，管理经济和文化事业，管理社会事务。"工会是重要的人民团体，有参与管理国家事务和社会事务的权利。工会是职工群众自己的组织，是党联系职工群众的桥梁纽带。会员通过工会组织反映自己对国家和社会生活方面的意见，是参与管理国家事务、社会事务的途径和形式。会员对国家政治、经济、文化和社会生活的某些问题提出的意见、建议，通过工会向有关部门如实反映，也是工会组织必须履行的义务。特别应当指出的是，工会组织是会员和职工利益的代表，会员通过工会组织对本单位工作提出批评和建议，进行民主参与、民主监督，不仅有利于促进企事业单位健康发展，也有利于维护自身合法权益。

第四，在合法权益受到侵犯时，要求工会给予保护的权利。维护职工合法权益是工会的基本职责，职工加入工会的主要目的，就是希望工会能够代表和维护自身的合法权益。当职工的合法权益受到侵犯时，特别需要工会组织为他们提供有效保护。

第五，享受工会举办的福利、优惠待遇和奖励的权利。会员除参加工会组织的民主生活等活动外，还有参加工会组织的如读书学习、文化体育、各种竞赛、职业技能培训、旅游、疗休养等丰富多彩的活动，并享受参加这些活动所规定的优惠待遇的权利。比如，元旦、春节、清明节、劳动节、端午节、中秋节和国庆节以及经自治区以上人民政府批准设立的少数民族节日，会员可以享受节日慰问品；会员生日可以得到生日蛋糕等实物慰问品或蛋糕券；会员结婚生育时，可以得到一定金额的慰问品；会员生病住院、会员或其直系亲属去世时，可以得到一定金额的慰问金，等等。同时，对于会员参加工会组织活动所做出的优异成绩，可享受工会给予的各种奖励。会员可以享受工会为其提供的卫生医疗、购物、生活服务、子女入托入学等优惠待遇。随着企业改革改制的不断推进，有的会员不得不下岗、转岗，这时会员有权得到生活救助、法律服务、就业帮助等服务。

第六，享有工会组织内的言论自由权。即会员有权在工会会议和工会报刊上，参加关于工会工作和职工关心问题的讨论。所谓工会会议是指工会组织的各种会议，包括工会小组会、会员（代表）大会等。所谓报刊是指工会组织主办的报纸和刊物。会员有权在报刊上参加关于工会工作的讨论，发表自己对工会工作的意见和建议。

规定索引 ···>

《中国工会章程》

第三条　会员享有以下权利：

（一）选举权、被选举权和表决权。

（二）对工会工作进行监督，提出意见和建议，要求撤换或者罢免不称职的工会工作人员。

（三）对国家和社会生活问题及本单位工作提出批评与建议，要求工会组织向有关方面如实反映。

（四）在合法权益受到侵犯时，要求工会给予保护。

（五）工会提供的文化、教育、体育、旅游、疗休养事业、生活救助、法律服务、就业服务等优惠待遇；工会给予的各种奖励。

（六）在工会会议和工会媒体上，参加关于工会工作和职工关心问题的讨论。

9. 会员应履行的义务

工会是共产主义"大学校"，在这个"大学校"里，会员在享有权利的同时，也应履行一定的义务，不断提高思想觉悟、文化水平、业务能力等综合素质。根据《中国工会章程》第四条的规定，会员应履行下列义务：

第一，认真学习贯彻习近平新时代中国特色社会主义思想，学习政治、经济、文化、法律、科学、技术和工会基本知识等。

第二，积极参加民主管理，努力完成生产和工作任务，立足本职岗位建功立业。

第三，遵守宪法和法律，践行社会主义核心价值观，弘扬中华民族传统美德，恪守社会公德、职业道德、家庭美德、个人品德，遵守劳动纪律。

第四，正确处理国家、集体、个人三者利益关系，向危害国家、社会利益的行为作斗争。

第五，维护中国工人阶级和工会组织的团结统一，发扬阶级友爱，搞好互助互济。

第六，遵守工会章程，执行工会决议，参加工会活动，按月交纳会费。

会员应按本人工资收入的5‰向所在基层工会交纳会费。交纳会费是会员应尽的义务，是会员意识的具体体现。会员交纳的会费留在基层工会使用。

10. 会籍与会员的权利义务的关系

前面已经说过，会员劳动关系（工作）在哪里，会员会籍就在哪里，会员组织关系随劳动（工作）关系流动而流动，即会籍与会员的劳动关系（工作）密切相连。那么，有会籍是否一定享有会员的权利、要履行会员义务呢。

第一，有会籍不一定享有会员权利，也不一定要履行会员义务。正常情况下，有会籍就享有会员权利，履行会员义务，但保留会籍的人员除外。《工会会员会籍管理办法》第二十一条规定："会员在保留会籍期间免交会费，不再享有选举权、被选举权和表决权。"

第二，会员的权利和义务与会员的劳动（工作）关系密切相关。比如说，A单位会员和B单位会员都是中华全国总工会的会员，但A单位会员不能到B单位工会行使权利，同样，B单位会员也不能到A单位工会行使权利。为什么？因为A单位会员是与A单位建立的劳动（工作）关系，B单位会员是与B单位建立的劳动（工作）关系。所以，A单位会员在A单位工会行使权利，履行义务；B单位会员在B单位工会行使权利，履行义务。失业人员因没有劳动（工作）单位，暂时不存在劳动（工作）关系，权利和义务也就无法行使。

规定索引 ⋯⋯⋯⋯⋯⋯⋯⋯⋯⋯⋯⋯⋯⋯⋯⋯⋯⋯⋯⋯⋯⋯⋯⋯⋯⋯⋯⋯⋯⋯⋯⋯⋯⋯⋯⋯⋯➡

1.《中国工会章程》

第八条　会员离休、退休和失业，可保留会籍。保留会籍期间免交会费。

工会组织要关心离休、退休和失业会员的生活，积极向有关方面反映他们的愿望和要求。

2.《工会基层组织选举工作条例》

第四条　工会会员享有选举权、被选举权和表决权。保留会籍的人员除外。

11. 劳务派遣工会员怎样行使权利和履行义务

关于劳务派遣工会员的权利和义务如何行使，目前还没有明确规定，只能从现有的规定和法理上予以分析。2009 年 4 月 30 日，中华全国总工会印发的《关于组织劳务派遣工加入工会的规定》明确以下四个问题：

第一，劳务派遣工加入工会以劳务派遣单位工会为主，如劳务派遣单位没有建立工会的，劳务派遣工可直接参加用工单位工会。

第二，用工单位可以代管劳务派遣工会员，劳务派遣工会员的权利义务可以在代管协议中予以明确。

第三，涉及劳务派遣工的工会经费，由用工单位提取拨付劳务派遣单位工会。如用工单位工会代管的，经费留用部分的使用由劳务派遣单位和用工单位协商确定。

第四，会员统计以劳务派遣工的会籍为准。

因劳务派遣用工的特殊性，劳务派遣工行使会员权利和义务时，应从实际出发，注意把握两个原则：一是会籍在哪个工会，会员的权利和义务就应在哪个工会行使；二是哪个工会管理会员，会员权利和义务可以在哪个工会行使。因此，劳务派遣工会员的权利和义务行使可这样处理：

首先，一般情况下，以会籍为准。会籍在劳务派遣单位工会的，会员的权利和义务就在劳务派遣单位工会行使；会籍在用工单位工会的，会员的权利和义务就在用工单位工会行使；

其次，以代管协议为准。如果劳务派遣单位工会和用工单位工会签订代管协议的，会员权利和义务按代管协议处理。

再次，如劳务派遣单位工会和用工单位工会没有签订代管协议的，或代管协议中没有约定或约定不明确的，可以重新协商确定，如协商不成的，应以会籍为准。

12. 劳务派遣工的会籍管理

劳务派遣是一种特殊的用工方式，涉及了用人单位、用工单位和劳务派遣工三方。对劳务派遣工来说，加入工会后是用人单位管理还是用工单位管理会籍是个问题。为规范劳务派遣工的会籍管理，保障他们的合法权利，《关于组织劳务派遣工加入工会的规定》第二条规定："在劳务派遣工接受派遣期间，劳务派遣单位工会可以委托用工单位工会代管。劳务派遣单位工会与用工单位工会签订委托管理协议，明确双方对会员组织活动、权益维护等的责任与义务。"第四条规定："劳务派遣工会员人数由会籍所在单位统计。加入劳务派遣单位工会的，包括委托用工单位管理的劳务派遣工会员，由劳务派遣单位工会统计，直接加入用工单位工会的由用工单位统计。"理解上述规定，应把握三点：

第一，劳务派遣工在哪个单位加入工会的，其会籍就由哪个单位工会管理。

第二，劳务派遣工如在劳务派遣单位加入工会的，劳务派遣单位工会可以委托用工单位工会管理，但会籍由劳务派遣单位工会管理。

第三，会员统计，以会籍为准。即会籍在哪个工会，就由哪个工会统计

规定索引

1.《劳动合同法》

第六十四条　被派遣劳动者有权在劳务派遣单位或者用工单位依法参加或者组织工会，维护自身的合法权益。

2.《工会会员会籍管理办法》

第九条　劳务派遣工可以在劳务派遣单位加入工会，也可以在用工单位加入工会。劳务派遣单位没有建立工会的，劳务派遣工在用工单位加入工会。

在劳务派遣工会员接受派遣期间，劳务派遣单位工会可以与用工单位工会签订委托管理协议，明确双方对会员组织活动、权益维护等方面的责任与义务。

加入劳务派遣单位工会（含委托用工单位管理）的会员，其会籍由劳务派遣单位工会管理。加入用工单位工会的会员会籍由

用工单位工会管理。

13. 会员证的作用

《关于颁发新〈中华全国总工会会员证〉的通知》（总工办发〔2000〕37号）指出：《中华全国总工会会员证》是证明工会会员身份的重要凭证。为进一步增强工会组织的吸引力和凝聚力，工会所属的文化宫、俱乐部等文化活动阵地，职业介绍所、消费合作社、法律咨询服务、疗休养院等，对持会员证的工会会员，应给予一定的优惠。各省、自治区、直辖市总工会可从实际出发，对此作出具体规定。

随着"互联网＋"工会的发展，一些市县工会尝试使用工会电子会员证，这种电子会员证不仅具有会员身份的凭证作用，还与工会开展的普惠制联系在一起，使用的功能更为广泛。

14. 会员证的式样

会员证是会员身份的书面凭证，职工加入工会，基层工会就应发放会员证。会员证的基本式样如下：

会员证封面为红色，上半部分是中国工会会徽，下半部分印两行字，第一行为："中华全国总工会"，第二行为:"会员证"。

首页，中间贴会员免冠照片，加盖中华全国总工会组织部印章，底部为编号。

个人信息页，填写姓名、性别、民族、出生年月、政治面貌、入会时间、发证单位等信息。

工会组织关系接转页，分两栏，上栏填写工会组织关系转出内容；下栏填写工会组织关系转入内容。

保留恢复会籍页，分两栏，上栏填写保留会籍时间；下栏填写恢复会籍时间。

会员的权利页，写明了会员的六项权利。

会员的义务页，写明了会员的六项义务。

使用说明页，写明了使用会员证的四个注意事项。

15. 会员证的印制

印制会员证是一件严肃的工作，全国总工会有严格的规定。《中华全国总工会办公厅关于进一步加强〈中华全国总工会会员证〉管理工作的通知》强调，"会员证由全国总工会确定式样，全国总工会组织部负责监制。各省级工会负责印制、颁发，并确定会员证的编号办法；各省级工会组织部门承担印制、使用、管理等具体工作。"

各省级工会在印制的会员证时，必须统一加盖中华全国总工会组织部印章。由各省级工会组织部门向中华全国总工会组织部提出使用公章印模的书面申请，经审核同意后，指定专人保管并监督使用，使用后及时送回，确保印模安全。会员证所附录的"会员的权利"和"会员的义务"内容，应与中国工会全国代表大会最新通过的《中国工会章程》有关表述保持一致。

为确保会员证的印制质量，各省级工会在确定承印单位前，必须将该单位印制的会员证式样报中华全国总工会组织部，经审核同意后，才能正式印制。每年印制的数量须在当年 12 月 31 日前报中华全国总工会组织部备案。2017 年 3 月 22 前印制合格及已颁发的会员证继续有效。

在确定承印制单位时，要按照政府采购、招标投标等有关规定要求，严格履行相应程序，规范办理有关手续，经集体研究，并进行公示。印制会员证的费用，从工会经费中列支，不得向工会会员个人收取任何费用。

16. 会员组织关系接转

职工一旦加入工会组织，就成为中华全国总工会的一名会员，工作单位无论怎么改变，其会员身份是不会变的。当会员的就业单位发生变化时，原用人单位工会要转出会员组织关系，新用人单位工会要接收会员组织关系。

接转手续按以下程序进行。

原用人单位工会在会员证"工会组织关系接转"一页中填写"××××年×月×日，因××××，工会组织关系转出，会费交至××××年×月"，并加盖原用人单位工会印章。新用人单位工会在会员证"工会组织关系接转"一页中填写"××××年×月×日工会组织关系转入"，并加盖新用人单位工会印章。在会籍接转过程中应注意两个问题：

第一，会员组织关系接转发生在两个用人单位工会之间。如在同一用人单位内部调整工作岗位或从一个部门（车间）到另一个部门（车间）工作的，会员组织关系不需要接转。

第二，如新的用人单位尚未建立工会，其会员会籍原则上应暂时保留在会员居住地工会组织，当所在工作单位建立工会后，再办理会籍接转手续。

规定索引 ....➔

1.《工会会员会籍管理办法》

第十二条　会员劳动（工作）关系发生变化后，由调出单位工会填写会员证"工会组织关系接转"栏目中有关内容。会员的《工会会员登记表》随个人档案一并移交。会员以会员证或会员卡等证明其工会会员身份，新的用人单位工会应予以接转登记。

第十三条 已经与用人单位解除劳动（工作）关系并实现再就业的会员，其会员会籍应转入新的用人单位工会。如新的用人单位尚未建立工会，其会员会籍原则上应暂时保留在会员居住地工会组织，待所在单位建立工会后，再办理会员会籍接转手续。

2.《中华全国总工会办公厅关于进一步加强〈中华全国总工会会员证〉管理工作的通知》

六、规范使用管理。对新加入工会的会员，基层工会要为其颁发会员证，作为会员身份凭证，享有会员权利，履行会员义务。不应以工会会员服务卡等代替颁发会员证。地方或基层工会可通过举行入会仪式、集体发放会员证等形式，增强工会会员意识。会员劳动（工作）关系发生变化后，由调出单位工会填写会员证"工会组织关系接转"栏目中有关内容，会员以会员证等证明其工会会员身份，新的用人单位工会应予以接转登记。

17. 办理会籍接转手续的程序

会籍接转手续由基层工会办理。关于基层工会的范围，前述的问题已经回答。实际工作中，应注意把握两个具体问题：

第一，会籍接转由用人单位工会办理。如由两个或两个以上用人单位建立联合基层工会的，由联合基层工会办理。

第二，区域（行业）工会联合会的会员会籍接转，由会员所在劳动（工作）单位工会办理。如果会员所在单位没有建立工会的，由区域（行业）工会联合会办理。

规定索引 ─────────────────────────────➤

《工会会员会籍管理办法》

第十五条　联合基层工会的会员会籍接转工作，由联合基层工会负责。区域（行业）工会联合会的会员会籍接转工作，由会员所在基层工会负责。

18. 会员统计工作

会员统计工作，按照属地和组织关系相结合原则，实行各级工会分级负责。用人单位工会统计本单位会员数，乡镇（街道）、开发区（工业园区）、村（社区）工会按照组织隶属关系统计本区域内下属工会的会员数，县级、地市级、省级总工会按照组织隶属关系统计本区域内下属工会的会员数，最后汇总到中华全国总工会。为解决遗漏、重复问题，应注意以下四个问题：

第一，正确把握属地和组织关系相结合的关系。比如，某大型企业集团公司的总部在某省的 A 县，而该集团公司工会的组织关系在省总工会，那么 A 县总工会就不用统计这个集团公司的会员数，由该集团公司工会直接上报到省总工会。如该集团公司在其他地方设有子公司（分公司），按组织隶属关系，子公司（分公司）公司工会应把会员数上报自己的上一级工会，上一级工会要么是子公司（分公司）公司工会所在地的地方总工会（产业工会），要么是集团公司工会，注意不能重复上报。

第二，农民工会员由输入地的工会统计，不能由输出地的工会统计。

第三，劳务派遣工会员由劳务派遣单位工会统计，加入用工单位工会的，由用工单位工会统计。

第四，退会、开除会籍、保留会籍人员不能列入会员统计的范围。

规定索引

1. 《工会会员会籍管理办法》

第十六条　各级工会分级负责本单位本地区的会员统计工作。农民工会员由输入地工会统计。劳务派遣工会员由劳务派遣单位工会统计，加入用工单位工会的由用工单位工会统计。保留会籍的人员不列入会员统计范围。

2. 《中华全国总工会关于组织劳务派遣工加入工会的规定》

第四条　劳务派遣工会员人数由会籍所在单位统计。加入劳务派遣单位工会的，包括委托用工单位管理的劳务派遣工会员，由劳务派遣单位工会统计，直接加入用工单位工会的由用工单位统计。

19. 工会实名数据库建设的信息采集

为实现网上宣传引导、网上申请入会、网上监测分析、网上管理服务，形成分级管理、上下互动、网上网下融合联动的工会基层工作新格局，2017 年 4 月 21 日中华全国总工会办公厅印发《推进基层工会组织和工会会员实名制管理工作方案》，着力加强工会网上工作，推进"互联网+"基层工会建设。《方案》提出，到 2020 年底建成以省（自治区、直辖市）为基本集成单元的分布式工会实名数据库，基本实现工会组织和工会会员实名数据信息实时更新，打通信息孤岛、开发数据资源，实现工会系统数据信息互通共享和深度利用。实现这一目标，工会实名数据库建设是开展工会网上工作的核心和基础。数据库建设应采集以下信息：

会员信息必须项一般包括：姓名、性别、身份证号码、手机号码、户籍类型。

单位和工会信息必须项一般包括：单位名称、法人和其他组织统一社会信用代码（组织机构代码）、经济类型、地址、职工人数、工会名称、建会时间、工会类型、工会负责人、联系电话。

在采集信息时应注意三个问题：

第一，进行数据采集和数据库建设时，应完善、准确记录各级工会组织的隶属关系信息，确保数据库信息符合实际的工会组织关系，不能出现不存在的"空壳工会"。

第二，所有的工会会员实名信息均应准确记录其所在单位和基层工会的信息，避免出现因仅采集个人信息不实而形成的不具有组织关系的"空挂会员"。

第三，既要做好初期的原始信息采集，又要加强日常的动态管理更新。新建工会在组建过程中应同时完成工会组织和工会会员信息采集录入工作；工会组织隶属关系和会籍发生变更时应及时更新信息。各单位新增和调入会员时应按照初次信息采集的要求及时采集；因调出、退休、离职等原因减少会员，应及时变更记录相关信息。

规定索引

《推进基层工会组织和工会会员实名制管理工作方案》（第四部分　主要工作）

（四）持续推进"互联网＋"基层工会建设。将实名制管理工作作为创新基层工会组织形态、工作载体和运行机制的切入点和基础，持续、扎实推进。积极运用互联网思维和网络信息技术，推进地方工会、基层工会、职工会员以及服务资源的广泛而紧密的连接，逐步实现基层工会工作全流程数据信息交互共享，推进工会基层工作数据化、信息化，推进会员服务普惠化，密切工会组织与职工会员的全天候联系。

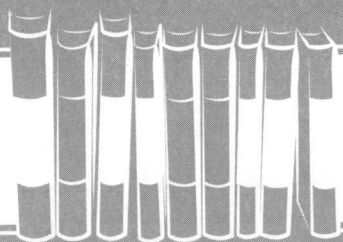

五

会籍处理

现实中，会员因为诸多原因无法履行会员义务，
这时的会籍该如何处理？

1. 会籍处理的集中情形

职工加入工会就取得会籍，如果失去会员身份，也就失去了会籍。因失去会员身份的具体情形不同，对会籍的处理也不同。根据《中国工会章程》的规定，会籍处理分四种情形：

第一，自愿退会。会员有退会的自由，由本人向工会小组提出。

第二，自动退会。会员没有正当理由连续六个月不交纳会费、不参加工会组织生活，经教育拒不改正，应当视为自动退会。

第三，开除会籍。对不执行工会决议、违反工会章程的会员，给予批评教育。对严重违法犯罪并受到刑事处分的会员，开除会籍。

第四，保留会籍。会员离休、退休和失业的，可保留会籍。保留会籍期间免交会费。

规定索引 ···▷

《中国工会章程》

第六条　会员有退会自由。会员退会由本人向工会小组提出，由工会基层委员会宣布其退会并收回会员证。

会员没有正当理由连续六个月不交纳会费、不参加工会组织生活，经教育拒不改正，应当视为自动退会。

第七条　对不执行工会决议、违反工会章程的会员，给予批评教育。对严重违法犯罪并受到刑事处分的会员，开除会籍。开除会员会籍，须经工会小组讨论，提出意见，由工会基层委员会决定，报上一级工会备案。

第八条　会员离休、退休和失业，可保留会籍。保留会籍期间免交会费。

工会组织要关心离休、退休和失业会员的生活，积极向有关方面反映他们的愿望和要求。

2. 办理退会手续

对要求退会的会员，工会组织应找本人做耐心细致的思想工作。对经过工作仍要求坚持退会的，由该会员所在的基层工会讨论后，宣布予以除名，并报上一级工会备案，同时收回其会员证。

自动退会手续办理程序与自愿退会一致，即由该会员所在的基层工会讨论后，宣布予以除名，并报上一级工会备案，同时收回其会员证。

规定索引 ··➤

《工会会员会籍管理办法》

第二十二条　会员有退会自由。对于要求退会的会员，工会组织应做好思想工作。对经过做思想工作仍要求退会的，由会员所在的基层工会讨论后，宣布其退会并收回其会员证或会员卡。会员没有正当理由连续六个月不交纳会费、不参加工会组织生活，经教育拒不改正，应视为自动退会。

3. 办理开除会籍手续

对不执行工会决议、违反《中国工会章程》的会员，给予批评教育。凡被依法判处刑事处罚，包括被判处死刑、无期徒刑、有期徒刑、罚金、拘役、管制同时被剥夺政治权利的，根据《中国工会章程》规定，应开除其会籍。开除会员会籍，须经会员所在工会小组讨论，由所在基层工会批准，宣布开除会籍，并报上一级工会备案，同时收回会员证。

规定索引 ··>

《工会会员会籍管理办法》

第二十三条　对严重违法犯罪并受到刑事处分的会员，开除会籍。开除会员会籍，须经会员所在工会小组讨论提出意见，由工会基层委员会决定，并报上一级工会备案，同时收回其会员证或会员卡。

4. 保留会籍的情况

《中国工会章程》规定，会员离休、退休和失业的，可保留会籍。《工会会员会籍管理办法》结合工作实际，明确了更多的情况，当前保留会籍的情况有：

第一，会员已办理离休、退休手续的，在原单位工会办理保留会籍手续。如果离休、退休后再返聘或到别的单位工作的，保留会籍不作变动。

第二，会员内部退养的，其会籍暂不作变动，待其按国家有关规定正式办理退休手续后，办理保留会籍手续。

第三，会员失业的，由原用人单位办理保留会籍手续。原用人单位关闭或破产的，可将其会籍转至其居住地的乡镇（街道）或村（社区）工会。当重新就业后，由其本人及时与新的用人单位工会办理会籍接转手续。

第三，会员服兵役的，在原用人单位工会办理保留会籍手续。服兵役期满，复员或转业到用人单位工作的，应及时办理会籍接转手续。

第四，离开工作岗位长期不能参加工会组织生活的，如离职上学、长期病休、出国等，由原单位办理保留会籍手续。

第五，离开原单位，新的单位暂没有建立工会组织的，可由原单位工会办理保留会籍手续。

第六，轮换工、季节工因季节性原因暂时离开工作单位的，用人单位工会可办理保留会籍手续。

第七，因劳动合同期满劳动关系终止而尚未就业的，由原用人单位办理保留会籍手续。

第八，援外人员，由原单位工会办理保留会籍手续。

保留会籍期间，免交会费，不再享有工会会员的选举权、被选举权和表决权，除了按照国家的有关规定享受劳保待遇外，不再享受会员的同样待遇。

规定索引 ···>

《工会会员会籍管理办法》

第十七条　会员退休（含提前退休）后，在原单位工会办理保留会籍手续。退休后再返聘参加工作的会员，保留会籍不作变动。

第十八条　内部退养的会员，其会籍暂不作变动，待其按国家有关规定正式办理退休手续后，办理保留会籍手续。

第十九条　会员失业的，由原用人单位办理保留会籍手续。原用人单位关闭或破产的，可将其会籍转至其居住地的乡镇（街道）或村（社区）工会。重新就业后，由其本人及时与新用人单位接转会员会籍。

第二十条　已经加入工会的职工，在其服兵役期间保留会籍。服兵役期满，复员或转业到用人单位并建立劳动关系的，应及时办理会员会籍接转手续。

第二十一条　会员在保留会籍期间免交会费，不再享有选举权、被选举权和表决权。

5. 停薪留职和脱产上学会员的会籍处理

停薪留职的情况比较复杂，应视不同情况具体处理。一般来说，凡由本人申请并经所在单位批准停薪留职者，虽然与用人单位劳动关系存在，但并不在岗，也没有工资报酬，可按《中国工会章程》的精神，在停薪留职期间，办理保留会籍手续。

脱产上学的，如劳动（工作）关系、工资关系还保留在原工作单位，其会籍不作处理；如不带工资上学的，还存在劳动（工作）关系，应办理保留会籍手续。

6. 长期借调人员的会籍处理

长期借调到外单位工作的人员，因其劳动（工作）关系仍在原工作单位，一般情况下，其会籍可不作处理。如借调单位已建立了工会组织，本人有要求，借调单位工会也同意的，可从原工作单位工会办理临时工会组织关系，接转到借调单位工会。按《中国工会章程》有关规定，在借调单位工会交纳会费，参加工会组织生活，履行会员的权利和义务。当返回原单位后，再办理会员组织关系接转手续。

规定索引 ···>

《工会会员会籍管理办法》

第十四条 临时借调到外单位工作的会员，其会籍一般不作变动。如借调时间六个月以上，借调单位已建立工会的，可以将会员关系转到借调单位工会管理。借调期满后，会员关系转回所在单位。会员离开工作岗位进行脱产学习的，如与单位仍有劳动（工作）关系，其会员会籍不作变动。

7. 保留会籍手续的办理

保留会籍是会籍处理的一种情形，办理保留会籍手续大致分为三步：

第一步，由会员所在工会小组或车间（科室）工会书面报告基层工会委员会，说明保留会籍的原因和理由。

第二步，经基层工会委员会核准，由基层工会在该职工的《工会会员登记表》备注栏内注明该会员办理保留会籍的时间，在会员证"保留恢复会籍"一页，注明"×××
×年×月因××××，保留会籍"，并加盖工会印章。

第三步，通知会员本人保留会籍的开始时间，从何时停止交纳会费。

会员办理保留会籍手续后，离退休职工的会员证可由本人保存；其他保留会籍职工的会员证由个人保管，待其再就业时再办理工会会员组织关系接转手续。

8. 离退休人员能否享受会员福利待遇问题

离退休人员已不是劳动法律意义上的劳动者，自然不可能再建立劳动（工作）关系，但能否享受会员的福利待遇呢？《工会法》《中国工会章程》及相关规定，只是明确保留会籍期间免交会费，不再享有选举权、被选举权和表决权。至于是否享受会员福利待遇并没有明确规定，这给基层工会带来不少麻烦。从道理上讲，保留会籍人员是不应当享受会员福利的。

我们知道，权利和义务是统一的，有权利必有义务，有义务必有权利。会员享受福利待遇的经费来源是会员交纳的会费和工会经费。保留会籍人员没有劳动关系，不参加工会组织生活，免交会费；用人单位行政每月按照职工工资总额2%拨缴的工会经费，其职工总数不包括离退休人员，工资总额也不包括退休金。如果保留会籍人员与会员享有一样福利待遇，是没有道理的。

离退休人员由离退休职工职能部门提供服务，可以为离退休会员举办福利待遇，经费由用人单位行政负担。如果用人单位行政方委托工会组织举办的福利的，是否包括离退休人员，由用人单位行政方来决定，经费自然由用人单位行政负担。当然，依照《中国工会章程》的规定，工会要关心离退休人员的生活，积极向有关方面反映他们的愿望和要求，这属于工会在履行社会责任，而不是工会的法定义务。

规定索引 ⟶

1. 《工会基层组织选举工作条例》

第四条　工会会员享有选举权、被选举权和表决权。保留会籍的人员除外。

2. 《工会会员会籍管理办法》

第二十一条　会员在保留会籍期间免交会费，不再享有选举权、被选举权和表决权。

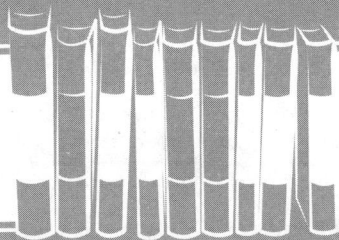

六

重要文件

中国工会章程

（2018 年 10 月 26 日 中国工会第十七次

全国代表大会通过）

总 则

中国工会是中国共产党领导的职工自愿结合的工人阶级群众组织，是党联系职工群众的桥梁和纽带，是国家政权的重要社会支柱，是会员和职工利益的代表。

中国工会以宪法为根本活动准则，按照《中华人民共和国工会法》和本章程独立自主地开展工作，依法行使权利和履行义务。

工人阶级是我国的领导阶级，是先进生产力和生产关系的代表，是中国共产党最坚实最可靠的阶级基础，是改革开放和社会主义现代化建设的主力军，是维护社会安定的强大而集中的社会力量。中国工会高举中国特色社会主义伟大旗帜，以马克思列宁主义、毛泽东思想、邓小平理论、"三个代表"重要思想、科学发展观、习近平新时代中国特色社会主义思想为指导，贯彻执行党的以经济建设为中心，坚持四项基本原则，坚持改革开放的基本路线，保持和增强政治性、先进性、群众性，坚定不移地走中国特色社会主义工会发展道路，推动党的全心全意依靠工人阶级的根本指导方针的贯彻落实，全面履行工会的社会职能，在维护全国人民总体利益的同时，更好地表达和维护职工的具体利益，团结和动员全国职工自力更生、艰苦创业，坚持和发展中国特色社会主义，为全面建成小康社会、把我国建设成为富强民主文明和谐美丽的社会主义现代化强国、实现中华民族伟大复兴的中国梦而奋斗。

中国工会坚持自觉接受中国共产党的领导，承担团结引导职工群众听党话、跟党走的政治责任，巩固和扩大党执政的阶级基础和群众基础。

中国工会的基本职责是维护职工合法权益、竭诚服务职工群众。

中国工会按照中国特色社会主义事业"五位一体"总体布局和"四个全面"战略布局，贯彻创新、协调、绿色、开放、共享的发展理念，把握为实现中华民族伟大复兴的中国梦而奋斗的工人运动时代主题，弘扬劳模精神、劳动精神、工匠精神，动员和组织职工积极参加建设和改革，努力促进经济、政治、文化、社会和生态文明建设；

代表和组织职工参与国家和社会事务管理，参与企业、事业单位和机关的民主管理；教育职工践行社会主义核心价值观，不断提高思想道德素质、科学文化素质和技术技能素质，推进产业工人队伍建设改革，建设有理想、有道德、有文化、有纪律的职工队伍，不断发展工人阶级先进性。

中国工会以忠诚党的事业、竭诚服务职工为己任，坚持组织起来、切实维权的工作方针，坚持以职工为本、主动依法科学维权的维权观，促进完善社会主义劳动法律，维护职工的经济、政治、文化和社会权利，参与协调劳动关系和社会利益关系，推动构建和谐劳动关系，促进经济高质量发展和社会的长期稳定，维护工人阶级和工会组织的团结统一，为构建社会主义和谐社会作贡献。

中国工会维护工人阶级领导的、以工农联盟为基础的人民民主专政的社会主义国家政权，协助人民政府开展工作，依法发挥民主参与和社会监督作用。

中国工会在企业、事业单位中，按照促进企事业发展、维护职工权益的原则，支持行政依法行使管理权力，组织职工参加民主管理和民主监督，与行政方面建立协商制度，保障职工的合法权益，调动职工的积极性，促进企业、事业的发展。

中国工会实行产业和地方相结合的组织领导原则，坚持民主集中制。

中国工会坚持以改革创新精神加强自身建设，构建联系广泛、服务职工的工作体系，增强团结教育、维护权益、服务职工的功能，坚持群众化、民主化，保持同会员群众的密切联系，依靠会员群众开展工会工作。各级工会领导机关坚持把工作重点放到基层，着力扩大覆盖面、增强代表性，着力强化服务意识、提高维权能力，着力加强队伍建设、提升保障水平，坚持服务职工群众的工作生命线，全心全意为基层、为职工服务，构建智慧工会，增强基层工会的吸引力凝聚力战斗力，把工会组织建设得更加充满活力、更加坚强有力，成为深受职工群众信赖的学习型、服务型、创新型"职工之家"。

工会兴办的企业、事业，坚持公益性、服务性，坚持为改革开放和发展社会生产力服务，为职工群众服务，为推进工运事业服务。

中国工会努力巩固和发展工农联盟，坚持最广泛的爱国统一战线，加强包括香港特别行政区同胞、澳门特别行政区同胞、台湾同胞和海外侨胞在内的全国各族人民的大团结，促进祖国的统一、繁荣和富强。

中国工会在国际事务中坚持独立自主、互相尊重、求同存异、加强合作、增进友谊的方针，在独立、平等、互相尊重、互不干涉内部事务的原则基础上，广泛建立和发展同国际和各国工会组织的友好关系，积极参与"一带一路"建设，增进我国工人阶级同各国工人阶级的友谊，同全世界工人和工会一起，在推动构建人类命运共同体中发挥作用，为世界的和平、发展、合作、工人权益和社会进步而共同努力。

中国工会落实新时代党的建设总要求，以党的政治建设为统领，全面加强党的建设，增强政治意识、大局意识、核心意识、看齐意识，坚定道路自信、理论自信、制度自信、文化自信，坚决维护习近平总书记党中央的核心、全党的核心地位，坚决维护党中央权威和集中统一领导，在思想上政治上行动上同以习近平同志为核心的党中央保持高度一致。

第一章 会 员

第一条 凡在中国境内的企业、事业单位、机关和其他社会组织中，以工资收入为主要生活来源或者与用人单位建立劳动关系的体力劳动者和脑力劳动者，不分民族、种族、性别、职业、宗教信仰、教育程度，承认工会章程，都可以加入工会为会员。

第二条 职工加入工会，由本人自愿申请，经工会基层委员会批准并发给会员证。

第三条 会员享有以下权利：

（一）选举权、被选举权和表决权。

（二）对工会工作进行监督，提出意见和建议，要求撤换或者罢免不称职的工会工作人员。

（三）对国家和社会生活问题及本单位工作提出批评与建议，要求工会组织向有关方面如实反映。

（四）在合法权益受到侵犯时，要求工会给予保护。

（五）工会提供的文化、教育、体育、旅游、疗休养、互助保障、生活救助、法律服务、就业服务等优惠待遇；工会给予的各种奖励。

（六）在工会会议和工会媒体上，参加关于工会工作和职工关心问题的讨论。

第四条 会员履行下列义务：

（一）认真学习贯彻习近平新时代中国特色社会主义思想，学习政治、经济、文化、法律、科学、技术和工会基本知识等。

（二）积极参加民主管理，努力完成生产和工作任务，立足本职岗位建功立业。

（三）遵守宪法和法律，践行社会主义核心价值观，弘扬中华民族传统美德，恪守社会公德、职业道德、家庭美德、个人品德，遵守劳动纪律。

（四）正确处理国家、集体、个人三者利益关系，向危害国家、社会利益的行为作斗争。

（五）维护中国工人阶级和工会组织的团结统一，发扬阶级友爱，搞好互助互济。

（六）遵守工会章程，执行工会决议，参加工会活动，按月交纳会费。

第五条 会员组织关系随劳动（工作）关系变动，凭会员证明接转。

第六条 会员有退会自由。会员退会由本人向工会小组提出，由工会基层委员会宣布其退会并收回会员证。

会员没有正当理由连续六个月不交纳会费、不参加工会组织生活，经教育拒不改正，应当视为自动退会。

第七条 对不执行工会决议、违反工会章程的会员，给予批评教育。对严重违法犯罪并受到刑事处分的会员，开除会籍。开除会员会籍，须经工会小组讨论，提出意见，由工会基层委员会决定，报上一级工会备案。

第八条 会员离休、退休和失业，可保留会籍。保留会籍期间免交会费。

工会组织要关心离休、退休和失业会员的生活，积极向有关方面反映他们的愿望和要求。

第二章 组织制度

第九条 中国工会实行民主集中制，主要内容是：

（一）个人服从组织，少数服从多数，下级组织服从上级组织。

（二）工会的各级领导机关，除它们派出的代表机关外，都由民主选举产生。

（三）工会的最高领导机关，是工会的全国代表大会和它所产生的中华全国总工会执行委员会。工会的地方各级领导机关，是工会的地方各级代表大会和它所产生的总工会委员会。

（四）工会各级委员会，向同级会员大会或者会员代表大会负责并报告工作，接受会员监督。会员大会和会员代表大会有权撤换或者罢免其所选举的代表和工会委员会组成人员。

（五）工会各级委员会，实行集体领导和分工负责相结合的制度。凡属重大问题由委员会民主讨论，作出决定，委员会成员根据集体的决定和分工，履行自己的职责。

（六）工会各级领导机关，加强对下级组织的领导和服务，经常向下级组织通报情况，听取下级组织和会员的意见，研究和解决他们提出的问题。下级组织应及时向上级组织请示报告工作。

第十条 工会各级代表大会的代表和委员会的产生，要充分体现选举人的意志。候选人名单，要反复酝酿，充分讨论。选举采用无记名投票方式，可以直接采用候选人数多于应选人数的差额选举办法进行正式选举，也可以先采用差额选举办法进行预选，产生候选人名单，然后进行正式选举。任何组织和个人，不得以任何方式强迫选举人选举或不选举某个人。

第十一条 中国工会实行产业和地方相结合的组织领导原则。同一企业、事业单位、机关和其他社会组织中的会员，组织在一个工会基层组织中；同一行业或者性质相近的几个行业，根据需要建立全国的或者地方的产业工会组织。除少数行政管理体制实行垂直管理的产业，其产业工会实行产业工会和地方工会双重领导，以产业工会领导为主外，其他产业工会均实行以地方工会领导为主，同时接受上级产业工会领导的体制。各产业工会的领导体制，由中华全国总工会确定。

省、自治区、直辖市，设区的市和自治州，县（旗）、自治县、不设区的市建立地方总工会。地方总工会是当地地方工会组织和产业工会地方组织的领导机关。全国建立统一的中华全国总工会。中华全国总工会是各级地方总工会和各产业工会全国组织的领导机关。

中华全国总工会执行委员会委员和产业工会全国委员会委员实行替补制，各级地方总工会委员会委员和地方产业工会委员会委员，也可以实行替补制。

第十二条 县和县以上各级地方总工会委员会，根据工作需要可以派出代表机关。

县和县以上各级工会委员会，在两次代表大会之间，认为有必要时，可以召集代表会议，讨论和决定需要及时解决的重大问题。代表会议代表的名额和产生办法，由召集代表会议的总工会决定。

全国产业工会、各级地方产业工会、乡镇工会和城市街道工会的委员会，可以按照联合制、代表制原则，由下一级工会组织民主选举的主要负责人和适当比例的有关方面代表组成。

上级工会可以派员帮助和指导用人单位的职工组建工会。

第十三条 各级工会代表大会选举产生同级经费审查委员会。中华全国总工会经费审查委员会设常务委员会，省、自治区、直辖市总工会经费审查委员会和独立管理经费的全国产业工会经费审查委员会，应当设常务委员会。经费审查委员会负责审查同级工会组织及其直属企业、事业单位的经费收支和资产管理情况，监督财经法纪的贯彻执行和工会经费的使用，并接受上级工会经费审查委员会的指导和监督。工会经费审查委员会向同级会员大会或会员代表大会负责并报告工作；在大会闭会期间，向同级工会委员会负责并报告工作。

上级经费审查委员会应当对下一级工会及其直属企业、事业单位的经费收支和资产管理情况进行审查。

中华全国总工会经费审查委员会委员实行替补制，各级地方总工会经费审查委员会委员和独立管理经费的产业工会经费审查委员会委员，也可以实行替补制。

第十四条 各级工会建立女职工委员会，表达和维护女职工的合法权益。女职工委员会由同级工会委员会提名，在充分协商的基础上组成或者选举产生，女职工委员会与工会委员会同时建立，在同级工会委员会领导下开展工作。企业工会女职工委员会是县或者县以上妇联的团体会员，通过县以上地方工会接受妇联的业务指导。

第十五条 县和县以上各级工会组织应当建立法律服务机构，为保护职工和工会组织的合法权益提供服务。

各级工会组织应当组织和代表职工开展劳动法律

监督。

第十六条　成立或者撤销工会组织，必须经会员大会或者会员代表大会通过，并报上一级工会批准。工会基层组织所在的企业终止，或者所在的事业单位、机关和其他社会组织被撤销，该工会组织相应撤销，并报上级工会备案。其他组织和个人不得随意撤销工会组织，也不得把工会组织的机构撤销、合并或者归属其他工作部门。

第三章　全国组织

第十七条　中国工会全国代表大会，每五年举行一次，由中华全国总工会执行委员会召集。在特殊情况下，由中华全国总工会执行委员会主席团提议，经执行委员会全体会议通过，可以提前或者延期举行。代表名额和代表选举办法由中华全国总工会决定。

第十八条　中国工会全国代表大会的职权是：

（一）审议和批准中华全国总工会执行委员会的工作报告。

（二）审议和批准中华全国总工会执行委员会的经费收支情况报告和经费审查委员会的工作报告。

（三）修改中国工会章程。

（四）选举中华全国总工会执行委员会和经费审查委

员会。

第十九条 中华全国总工会执行委员会，在全国代表大会闭会期间，负责贯彻执行全国代表大会的决议，领导全国工会工作。

执行委员会全体会议选举主席一人、副主席若干人、主席团委员若干人，组成主席团。

执行委员会全体会议由主席团召集，每年至少举行一次。

第二十条 中华全国总工会执行委员会全体会议闭会期间，由主席团行使执行委员会的职权。主席团全体会议，由主席召集。

主席团闭会期间，由主席、副主席组成的主席会议行使主席团职权。主席会议由中华全国总工会主席召集并主持。

主席团下设书记处，由主席团在主席团成员中推选第一书记一人，书记若干人组成。书记处在主席团领导下，主持中华全国总工会的日常工作。

第二十一条 产业工会全国组织的设置，由中华全国总工会根据需要确定。

产业工会全国委员会的建立，经中华全国总工会批准，可以按照联合制、代表制原则组成，也可以由产业工会全国代表大会选举产生。全国委员会每届任期五年。任期届满，应当如期召开会议，进行换届选举。在特殊情况下，经中华全国总工会批准，可以提前或者延期举行。

产业工会全国代表大会和按照联合制、代表制原则组成的产业工会全国委员会全体会议的职权是：审议和批准产业工会全国委员会的工作报告；选举产业工会全国委员会或者产业工会全国委员会常务委员会。独立管理经费的产业工会，选举经费审查委员会，并向产业工会全国代表大会或者委员会全体会议报告工作。产业工会全国委员会常务委员会由主席一人、副主席若干人、常务委员若干人组成。

第四章　地方组织

第二十二条　省、自治区、直辖市，设区的市和自治州，县（旗）、自治县、不设区的市的工会代表大会，由同级总工会委员会召集，每五年举行一次。在特殊情况下，由同级总工会委员会提议，经上一级工会批准，可以提前或者延期举行。工会的地方各级代表大会的职权是：

（一）审议和批准同级总工会委员会的工作报告。

（二）审议和批准同级总工会委员会的经费收支情况报告和经费审查委员会的工作报告。

（三）选举同级总工会委员会和经费审查委员会。

各级地方总工会委员会，在代表大会闭会期间，执行上级工会的决定和同级工会代表大会的决议，领导本地区的工会工作，定期向上级总工会委员会报告工作。

根据工作需要，省、自治区总工会可在地区设派出代表机关。直辖市和设区的市总工会在区一级建立总工会。

县和城市的区可在乡镇和街道建立乡镇工会和街道工会组织，具备条件的，建立总工会。

第二十三条　各级地方总工会委员会选举主席一人、副主席若干人、常务委员若干人，组成常务委员会。工会委员会、常务委员会和主席、副主席以及经费审查委员会的选举结果，报上一级总工会批准。

各级地方总工会委员会全体会议，每年至少举行一次，由常务委员会召集。各级地方总工会常务委员会，在委员会全体会议闭会期间，行使委员会的职权。

第二十四条　各级地方产业工会组织的设置，由同级地方总工会根据本地区的实际情况确定。

第五章　基层组织

第二十五条　企业、事业单位、机关和其他社会组织等基层单位，应当依法建立工会组织。社区和行政村可以建立工会组织。从实际出发，建立区域性、行业性工会联合会，推进新经济组织、新社会组织工会组织建设。

有会员二十五人以上的，应当成立工会基层委员会；不足二十五人的，可以单独建立工会基层委员会，也可以由两个以上单位的会员联合建立工会基层委员会，也可以选举组织员或者工会主席一人，主持基层工会工作。工会基层委员会有女会员十人以上的建立女职工委员会，不足十人的设女职工委员。

职工二百人以上企业、事业单位的工会设专职工会主席。工会专职工作人员的人数由工会与企业、事业单位协商确定。

基层工会具备法人条件，依法取得社团法人资格，工会主席为法定代表人。

第二十六条　工会基层组织的会员大会或者会员代表大会，每年至少召开一次。经基层工会委员会或者三分之一以上的工会会员提议，可以临时召开会员大会或者会员代表大会。工会会员在一百人以下的基层工会应当召开会员大会。

工会会员大会或者会员代表大会的职权是：

（一）审议和批准工会基层委员会的工作报告。

（二）审议和批准工会基层委员会的经费收支情况报

告和经费审查委员会的工作报告。

（三）选举工会基层委员会和经费审查委员会。

（四）撤换或者罢免其所选举的代表或者工会委员会组成人员。

（五）讨论决定工会工作的重大问题。

工会基层委员会和经费审查委员会每届任期三年至五年，具体任期由会员大会或者会员代表大会决定。任期届满，应当如期召开会议，进行换届选举。在特殊情况下，经上一级工会批准，可以提前或者延期举行。

会员代表大会的代表实行常任制，任期与本单位工会委员会相同。

第二十七条　工会基层委员会的委员，应当在会员或者会员代表充分酝酿协商的基础上选举产生；主席、副主席，可以由会员大会或者会员代表大会直接选举产生，也可以由工会基层委员会选举产生。大型企业、事业单位的工会委员会，根据工作需要，经上级工会委员会批准，可以设立常务委员会。工会基层委员会、常务委员会和主席、副主席以及经费审查委员会的选举结果，报上一级工会批准。

第二十八条　工会基层委员会的基本任务是：

（一）执行会员大会或者会员代表大会的决议和上级

工会的决定，主持基层工会的日常工作。

（二）代表和组织职工依照法律规定，通过职工代表大会、厂务公开和其他形式，参加本单位民主管理和民主监督，在公司制企业落实职工董事、职工监事制度。企业、事业单位工会委员会是职工代表大会工作机构，负责职工代表大会的日常工作，检查、督促职工代表大会决议的执行。

（三）参与协调劳动关系和调解劳动争议，与企业、事业单位行政方面建立协商制度，协商解决涉及职工切身利益问题。帮助和指导职工与企业、事业单位行政方面签订和履行劳动合同，代表职工与企业、事业单位行政方面签订集体合同或者其他专项协议，并监督执行。

（四）组织职工开展劳动和技能竞赛、合理化建议、技能培训、技术革新和技术协作等活动，培育工匠人才，总结推广先进经验。做好劳动模范和先进生产（工作）者的评选、表彰、培养和管理服务工作。

（五）加强对职工的政治引领和思想教育，开展法治宣传教育，重视人文关怀和心理疏导，鼓励支持职工学习文化科学技术和管理知识，开展健康的文化体育活动。推进企业文化职工文化建设，办好工会文化、教育、体育事业。

（六）监督有关法律、法规的贯彻执行。协助和督促行政方面做好工资、安全生产、职业病防治和社会保险等方面的工作，推动落实职工福利待遇。办好职工集体福利事业，改善职工生活，对困难职工开展帮扶。依法参与生产安全事故和职业病危害事故的调查处理。

（七）维护女职工的特殊利益，同歧视、虐待、摧残、迫害女职工的现象作斗争。

（八）搞好工会组织建设，健全民主制度和民主生活。建立和发展工会积极分子队伍。做好会员的发展、接收、教育和会籍管理工作。加强职工之家建设。

（九）收好、管好、用好工会经费，管理好工会资产和工会的企业、事业。

第二十九条　教育、科研、文化、卫生、体育等事业单位和机关工会，从脑力劳动者比较集中的特点出发开展工作，积极了解和关心职工的思想、工作和生活，推动党的知识分子政策的贯彻落实。组织职工搞好本单位的民主管理和民主监督，为发挥职工的聪明才智，创造良好的条件。

第三十条　工会基层委员会根据工作需要，可以在分厂、车间（科室）建立分厂、车间（科室）工会委员会。分厂、车间（科室）工会委员会由分厂、车间（科室）会员大会或者会员代表大会选举产生，任期和工会基层委员会相同。

工会基层委员会和分厂、车间（科室）委员会，可以根据需要设若干专门委员会或者专门小组。

按照生产（行政）班组建立工会小组，民主选举工会小组长，积极开展工会小组活动。

第六章　工会干部

第三十一条　各级工会组织按照革命化、年轻化、知识化、专业化的要求，努力建设一支坚持党的基本路线，熟悉本职业务，热爱工会工作，受到职工信赖的干部队伍。

第三十二条　工会干部要努力做到：

（一）认真学习马克思列宁主义、毛泽东思想、邓小平理论、"三个代表"重要思想、科学发展观、习近平新时代中国特色社会主义思想，学习政治、经济、历史、文化、科技、法律和工会业务等知识，提高政治能力，增强群众工作本领。

（二）执行党的基本路线和各项方针政策，遵守国家法律、法规，在改革开放和社会主义现代化建设中勇于开拓创新。

（三）信念坚定，忠于职守，勤奋工作，敢于担当，廉洁奉公，顾全大局，维护团结。

（四）坚持实事求是，认真调查研究，如实反映职工的意见、愿望和要求。

（五）坚持原则，不谋私利，热心为职工说话办事，依法维护职工的合法权益。

（六）作风民主，联系群众，增强群众意识和群众感情，自觉接受职工群众的批评和监督。

第三十三条　各级工会组织根据有关规定管理工会干部，重视发现培养和选拔优秀年轻干部、女干部、少数民族干部，成为培养干部的重要基地。

基层工会主席、副主席任期未满不得随意调动其工作。因工作需要调动时，应事先征得本级工会委员会和上一级工会同意。

第三十四条　各级工会组织建立与健全干部培训制度。办好工会干部院校和各种培训班。

第三十五条　各级工会组织关心工会干部的思想、学习和生活，督促落实相应的待遇，支持他们的工作，坚决同打击报复工会干部的行为作斗争。

县和县以上工会设立工会干部权益保障金，保障工会干部依法履行职责。

县和县以上工会可以为基层工会选派、聘用工作人员。

第七章 工会经费和资产

第三十六条 工会经费的来源：

（一）会员交纳的会费。

（二）企业、事业单位、机关和其他社会组织按全部职工工资总额的百分之二向工会拨缴的经费或者建会筹备金。

（三）工会所属的企业、事业单位上缴的收入。

（四）人民政府和企业、事业单位、机关和其他社会组织的补助。

（五）其他收入。

第三十七条 工会经费主要用于为职工服务和开展工会活动。各级工会组织应坚持正确使用方向，加强预算管理，优化支出结构，开展监督检查。

第三十八条 县和县以上各级工会应当与税务、财政等有关部门合作，依照规定做好工会经费收缴和应当由财政负担的工会经费拨缴工作。

未成立工会的企业、事业单位、机关和其他社会组织，按工资总额的百分之二向上级工会拨缴工会建会筹备金。

具备社团法人资格的工会应当依法设立独立经费账户。

第三十九条 工会资产是社会团体资产,中华全国总工会对各级工会的资产拥有终极所有权。各级工会依法依规加强对工会资产的监督、管理,保护工会资产不受损害,促进工会资产保值增值。根据经费独立原则,建立预算、决算、资产监管和经费审查监督制度。实行"统一领导、分级管理"的财务体制、"统一所有、分级监管、单位使用"的资产监管体制和"统一领导、分级管理、分级负责、下审一级"的经费审查监督体制。工会经费、资产的管理和使用办法以及工会经费审查监督制度,由中华全国总工会制定。

第四十条 各级工会委员会按照规定编制和审批预算、决算,定期向会员大会或者会员代表大会和上一级工会委员会报告经费收支和资产管理情况,接受上级和同级工会经费审查委员会审查监督。

第四十一条 工会经费、资产和国家及企业、事业单位等拨给工会的不动产和拨付资金形成的资产受法律保护,任何单位和个人不得侵占、挪用和任意调拨;不经批准,不得改变工会所属企业、事业单位的隶属关系和产权关系。

工会组织合并，其经费资产归合并后的工会所有；工会组织撤销或者解散，其经费资产由上级工会处置。

第八章 会 徽

第四十二条 中国工会会徽，选用汉字"中"、"工"两字，经艺术造型呈圆形重叠组成，并在两字外加一圆线，象征中国工会和中国工人阶级的团结统一。会徽的制作标准，由中华全国总工会规定。

第四十三条 中国工会会徽，可在工会办公地点、活动场所、会议会场悬挂，可作为纪念品、办公用品上的工会标志，也可以作为徽章佩戴。

第九章 附 则

第四十四条 本章程解释权属于中华全国总工会。

中华全国总工会办公厅关于印发《中华全国总工会入会申请书》和《工会会员登记表》的通知

(2014 年 4 月 1 日　厅字〔2014〕10 号)

为了适应形势任务变化，加强会员会籍管理，更好地为会员服务，现将修订后的《中华全国总工会入会申请书》和《工会会员登记表》印发给你们，请遵照执行。

中华全国总工会入会申请书

我自愿加入中华全国总工会，遵守工会章程，执行工会决议，积极参加工会活动，为全面建成小康社会、把我国建设成为富强民主文明和谐的社会主义现代化国家、实现中华民族伟大复兴的中国梦而奋斗。

申请人：

年　　月　　日

工会会员登记表

填表日期：_____年___月___日

姓　名		性　别		民　族	
学　历		学　位		政治面貌	
身份证 号　码				联系电话	
户　口 所在地					
现居住地					
工作单位 及职务					
个　人 工　作 简　历					
家庭主要 成员以及 联系方式					
有　何 特　长					
工会基层 委员会意见	（盖章） _____年___月___日				
备　注	（注：该同志于年月日因转出会员关系。）				

中华全国总工会　制

劳动和社会保障部关于确立
劳动关系有关事项的通知

（2005 年 5 月 25 日　劳社部发〔2005〕12 号）

各省、自治区、直辖市劳动和社会保障厅（局）：

近一个时期，一些地方反映部分用人单位招用劳动者不签订劳动合同，发生劳动争议时因双方劳动关系难以确定，致使劳动者合法权益难以维护，对劳动关系的和谐稳定带来不利影响。为规范用人单位用工行为，保护劳动者合法权益，促进社会稳定，现就用人单位与劳动者确立劳动关系的有关事项通知如下：

一、用人单位招用劳动者未订立书面劳动合同，但同时具备下列情形的，劳动关系成立。

（一）用人单位和劳动者符合法律、法规规定的主体资格；

（二）用人单位依法制定的各项劳动规章制度适用于劳动者，劳动者受用人单位的劳动管理，从事用人单位安排的有报酬的劳动；

（三）劳动者提供的劳动是用人单位业务的组成部分。

二、用人单位未与劳动者签订劳动合同，认定双方存在劳动关系时可参照下列凭证：

（一）工资支付凭证或记录（职工工资发放花名册）、缴纳各项社会保险费的记录；

（二）用人单位向劳动者发放的"工作证"、"服务证"等能够证明身份的证件；

（三）劳动者填写的用人单位招工招聘"登记表"、"报名表"等招用记录；

（四）考勤记录；

（五）其他劳动者的证言等。

其中，（一）、（三）、（四）项的有关凭证由用人单位负举证责任。

三、用人单位招用劳动者符合第一条规定的情形的，用人单位应当与劳动者补签劳动合同，劳动合同期限由双方协商确定。协商不一致的，任何一方均可提出终止劳动关系，但对符合签订无固定期限劳动合同条件的劳动者，如果劳动者提出订立无固定期限劳动合同，用人单位应当订立。

　　用人单位提出终止劳动关系的，应当按照劳动者在本单位工作年限每满一年支付一个月工资的经济补偿金。

　　四、建筑施工、矿山企业等用人单位将工程（业务）或经营权发包给不具备用工主体资格的组织或自然人，对该组织或自然人招用的劳动者，由具备用工主体资格的发包方承担用工主体责任。

　　五、劳动者与用人单位就是否存在劳动关系引发争议的，可以向有管辖权的劳动争议仲裁委员会申请仲裁。

关于工资总额组成的规定

（1999 年 1 月 1 日 国家统计局令第 1 号）

第一章 总 则

第一条 为了统一工资总额的计算范围，保证国家对工资进行统一的统计核算和会计核算，有利于编制、检查计划和进行工资管理以及正确地反映职工的工资收入，制定本规定。

第二条 全民所有制和集体所有制企业、事业单位，各种合营单位，各级国家机关、政党机关和社会团体，在计划、统计、会计上有关工资总额范围的计算，均应遵守本规定。

第三条 工资总额是指各单位在一定时期内直接支付给本单位全部职工的劳动报酬总额。

工资总额的计算应以直接支付给职工的全部劳动报酬

为根据。

第二章 工资总额的组成

第四条 工资总额由下列六个部分组成：

（一）计时工资；

（二）计件工资；

（三）奖金；

（四）津贴和补贴；

（五）加班加点工资；

（六）特殊情况下支付的工资。

第五条 计时工资是指按计时工资标准（包括地区生活费补贴）和工作时间支付给个人的劳动报酬。包括：

（一）对已做工作按计时工资标准支付的工资；

（二）实行结构工资制的单位支付给职工的基础工资和职务（岗位）工资；

（三）新参加工作职工的见习工资（学徒的生活费）；

（四）运动员体育津贴。

第六条 计件工资是指对已做工作按计件单价支付的劳动报酬。包括：

（一）实行超额累进计件、直接无限计件、限额计件、超定额计件等工资制，按劳动部门或主管部门批准的定额和计件单价支付给个人的工资；

（二）按工作任务包干方法支付给个人的工资；

（三）按营业额提成或利润提成办法支付给个人的工资。

第七条　奖金是指支付给职工的超额劳动报酬和增收节支的劳动报酬。包括：

（一）生产奖；

（二）节约奖；

（三）劳动竞赛奖；

（四）机关、事业单位的奖励工资；

（五）其他奖金。

第八条　津贴和补贴是指为了补偿职工特殊或额外的劳动消耗和因其他特殊原因支付给职工的津贴，以及为了保证职工工资水平不受物价影响支付给职工的物价补贴。

（一）津贴。包括：补偿职工特殊或额外劳动消耗的津贴，保健性津贴，技术性津贴，年功性津贴及其他津贴。

（二）物价补贴。包括：为保证职工工资水平不受物价上涨或变动影响而支付的各种补贴。

第九条　加班加点工资是指按规定支付的加班工资和加点工资。

第十条　特殊情况下支付的工资。包括：

（一）根据国家法律、法规和政策规定，因病、工伤、产假、计划生育假、婚丧假、事假、探亲假、定期休假、停工学习、执行国家或社会义务等原因按计时工资标准或计时工资标准的一定比例支付的工资；

（二）附加工资、保留工资。

第三章　工资总额不包括的项目

第十一条　下列各项不列入工资总额的范围：

（一）根据国务院发布的有关规定颁发的发明创造奖、自然科学奖、科学技术进步奖和支付的合理化建议和技术改进奖以及支付给运动员、教练员的奖金；

（二）有关劳动保险和职工福利方面的各项费用；

（三）有关离休、退休、退职人员待遇的各项支出；

（四）劳动保护的各项支出；

（五）稿费、讲课费及其他专门工作报酬；

（六）出差伙食补助费、误餐补助、调动工作的旅费和安家费；

（七）对自带工具、牲畜来企业工作职工所支付的工具、牲畜等的补偿费用；

（八）实行租赁经营单位的承租人的风险性补偿收入；

（九）对购买本企业股票和债券的职工所支付的股息

（包括股金分红）和利息；

（十）劳动合同制职工解除劳动合同时由企业支付的医疗补助费、生活补助费等；

（十一）因录用临时工而在工资以外向提供劳动力单位支付的手续费或管理费；

（十二）支付给家庭工人的加工费和按加工订货办法支付给承包单位的发包费用；

（十三）支付给参加企业劳动的在校学生的补贴；

（十四）计划生育独生子女补贴。

第十二条 前条所列各项按照国家规定另行统计。

第四章 附 则

第十三条 中华人民共和国境内的私营单位、华侨及港、澳、台工商业者经营单位和外商经营单位有关工资总额范围的计算，参照本规定执行。

第十四条 本规定由国家统计局负责解释。

第十五条 各地区、各部门可依据本规定制定有关工资总额组成的具体范围的规定。

第十六条 本规定自发布之日起施行。国务院一九五五年五月二十一日批准颁发的《关于工资总额组成的暂行规定》同时废止。

中华全国总工会关于深入扎实做好当前
维护农民工合法权益工作的通知

（2009 年 1 月 9 日　总工发〔2009〕4 号）

各省、自治区、直辖市总工会，各全国产业工会，中共中央直属机关工会联合会、中央国家机关工会联合会，全总各部门、各直属单位：

当前，受国际金融危机影响，国内经济明显受到冲击，部分企业生产经营困难，农民工就业压力加剧，相当数量的农民工返乡回流，农民工就业和生活中的各项权益问题开始显现。为切实做好当前维护农民工合法权益工作，使农民工切实感受到工会组织的温暖，感受到工人阶级主人翁的地位和光荣，保持职工队伍和社会稳定，促进经济平稳较快发展，特就有关事项通知如下：

一、深入准确掌握农民工权益受影响的情况，有针对性地做好维权工作

各级工会要围绕国际金融危机影响给农民工权益带来的新情况新问题，组织专门力量，采取多种形式，开展深入调查研究，详细了解农民工各项权益的实现情况，准确掌握返乡农民工底数，加大维护农民工合法权益工作力度。要重点掌握农民工稳定就业、企业裁员补偿、职业技能培训、社会保险接续、工资报酬兑现、返乡安置创业、会员会籍管理等方面的情况，搞好定性定量分析，采取有力措施，及时解决存在的问题，切实加强工作的针对性和实效性。尤其要对敏感行业和困难企业搞好重点调研和监测，及时掌握农民工的生产生活和思想动态，畅通信息渠道，对影响农民工权益和队伍稳定的问题做到早发现、早介入、早解决，协助有关方面把当前经济困难给农民工权益带来的损害减少到最低限度，把矛盾和问题化解在基层。

二、加强就业创业指导服务，千方百计帮助农民工实现就业

各级工会要将帮助农民工就业再就业作为重要任务，积极推动全面落实更加积极的就业政策，最大限度拓宽农民工就业渠道。要稳定农民工现有就业岗位，加强对企业裁员行为的监督，企业确需进行经济性裁员的，必须与工会充分协商，并将裁员方案报劳动保障部门备案。要积极引导企业关爱农民工，履行社会责任，带领职工共克时艰。督促国有企业带头不裁员，最大限度减少失业，保持劳动关系稳定。按照就业优先的原则，以就业市场为导向，为农民工提供政策咨询、职业介绍、职业培训、就业指导、就业信息等免费服务。推动国家给予农民工就业的税费减免、社会保险补贴、岗位补贴等各项扶持政策的落实。支持发展劳动密集型企业和服务业，鼓励各类企业招用返乡农民工，帮助其尽快实现再就业。要多方努力在地市级和有条件的县级困难职工帮扶中心代办小额贷款和财政贴息业务，培养一批创业带头人，以创业带动就业。要引导农民工增强信心，积极鼓励农民工自主创业，支持政府将返乡农民工纳入创业政策扶持范围，为有返乡创业意愿的农民工免费开办创业培训，提供项目信息、开业指导、小额贷款、税费减免等服务和支持，鼓励农民工将在外务工所学技术和管理经验运用到创业当中，带动家乡人民共同致富。

三、强化职业技能培训，提升农民工就业竞争能力

要充分发挥工会"大学校"作用，把职业技能培训作为帮助农民工就业的主要措施和重点工作来抓。鼓励和支持停产半停产困难企业对农民工进行培训，并尽可能给予人力财力等方面的帮助。要围绕产业结构调整和企业技术改造新开工项目，提高农民工的技术创新能力，为企业发展储备技术力量。

充分利用工会教育培训场所、基地为农民工特别是待岗下岗返乡农民工免费开展各种职业技能培训和创业指导，通过开展订单式培训、项目培训、品牌培训、定向培训等适合农民工特点的就业技术技能培训，提高培训质量和培训后的转移就业率。2009 年争取在劳务输入或输出大省建立一批农民工培训基地，为农民工提供职业技能培训、职业介绍、跨地域劳务输出等一条龙服务。要根据返乡农民工的特点，围绕农业现代化、产业化，开设专业课程，开展农村适用技术培训，提高返乡农民工的就业适应能力和农业技能。

四、确保农民工工资按时足额发放，维护农民工劳动经济权益

各级工会要高度重视解决农民工工资特别是拖欠农民工工资问题，继续推进预防和解决拖欠农民工工资长效机制建设。加强与劳动保障、建筑、司法、工商、公安等有关部门的协调，重点对受国际金融危机影响较大的劳动密集型企业开展专项检查，监督企业按照有关法律法规，进一步完善工资支付保障制度，扩大工资支付监控保证金实施范围，推动建筑施工企业落实农民工工资"月结月清"。对生产经营遇到暂时困难、影响农民工薪酬的企业，工会要与企业开展平等协商，保证农民工切身利益。要督促停产、半停产企业为提前返乡的农民工足额支付工资，落实相应的经济补偿，帮助符合享受失业保险待遇条件的农民工，按规定及时享受一次性生活补助。要协助政府有关部门防止出现企业恶意关闭、企业主欠薪逃逸的现象。发挥农民工输出地与输入地工会双向维权机制的作用，加强沟通与协作，合力维护农民工的切身利益。要督促政府有关部门制定应急预案，避免和及时处理因欠薪引发的各种突发事件。

五、积极开展法律援助，妥善处理涉及农民工的劳动纠纷

工会法律援助要关口前移，加大政策咨询和法律援助工作力度，健全完善农民工利益诉求机制和权益保障机制，帮助困难农民工解决因裁员、欠薪、断保等引发的劳动关系纠纷。在劳动仲裁机构中要积极发挥工会组织的作用，加强与劳动保障、建设、公安、工商、金融等有关部门的协调配合，实施快速处理农民工劳动争议案件的"绿色通道"，按照"快立、快办、快结、办好"的原则，对事实清楚、权利义务关系明确的农民工与企业的劳动争议案件，尽可能采取简易程序处理。要抓住侵害农民工合法权益的典型案件，协调政府有关部门给予严厉查处和媒体曝光。要进一步推动《劳动合同法》的贯彻落实，帮助和指导农民工与企业签订劳动合同，充实劳动合同条款，规范劳动合同内容，扩大集体合同对农民工的覆盖面，促进实现体面劳动，营造全社会关爱农民工的良好氛围。

六、加大帮扶救助力度，为困难农民工排忧解难

要积极推动政府有关部门将解决民生问题放到更加突出的位置，及时反映农民工的生产生活困难，把"农民工有困难找工会"落到实处。积极运用党和政府赋予工会的资源与手段，争取政府加大帮扶资金支持力度，用好财政拨付帮扶资金，协助政府妥善解决返乡农民工在土地承包、生产工具、子女教育衔接等方面存在的问题。要加强县级工会帮扶中心建设，充分发挥困难职工帮扶中心联系困难农民工的窗口作用，建立快速反应机制和联动机制，实现即时帮扶和跨区域协作帮扶，帮助解决其实际困难。要健全困难农民工档案，准确掌握困难农民工基本情况。"送温暖"资金要向困难农民工倾斜，对地震灾区的农民工家庭要给予更多的关爱，帮助他们走出困境，重建家园。要积极走访慰问节日期间坚守工作岗位的农民工，通过工会干部与农民工一起过年过节等活动，鼓励农民工安心工作。继续开展"平安返乡回城行动"，与铁路、公路和民航部门加强协调，充分利用工会健全的组织网络，组织农民工集中的企业通过团体购票，乘坐专列专车等方式为农民工集体返乡回城提供便利。

七、继续做好组织农民工入会和会籍管理工作，不断提高农民工的组织化程度

要继续加大农民工源头入会力度，积极探索适合农民工特点的入会形式、建会方式和工作平台，在就业服务、职业培训、帮扶救助、权益维护等方面给农民工会员以更多的帮助服务，增强工会的吸引力和凝聚力。力争2009年全国净增农民工会员500万人以上。要适应农民工流动性大、职业身份变化快的特点，大力推广和完善农民工"一次入会、持证接转、全国通用、进出登记"的会员会籍管理制度，畅通农民工会籍接转渠道，方便农民工入会和保留会籍。要加强对返乡农民工的会籍管理工作，及时将返乡农民工会籍转移到所在乡镇（街道）工会、村（社区）工会管理；有关乡镇（街道）工会、村（社区）工会要主动做好返乡农民工的会籍接转工作，并负责将再就业的农民工会员会籍转移到用人单位工会。要对返乡农民工会员实行优先培训、优先介绍就业等各项优惠待遇，鼓励其自觉转移会籍关系，确保农民工会员不流失。要严密防范境内外敌对势力利用一些企业遇到的困难对农民工队伍进行渗透和破坏，防止非法"维权"组织产生，努力维护农民工队伍和社会的和谐稳定。

中华全国总工会关于组织
劳务派遣工加入工会的规定

(2009 年 4 月 30 日　总工发〔2009〕21 号)

一个时期以来，由于一些派遣单位与用工单位职责不清，相互推诿，相当数量的劳务派遣工没有组织到工会中来。为最大限度地把包括劳务派遣工在内的广大职工到工会中来，切实维护其合法权益，根据《工会法》、《中国工会章程》的相关规定，现对组织劳务派遣工加入工会作出以下规定：

1. 劳务派遣单位和用工单位都应依法建立工会组织，吸收劳务派遣工加入工会，任何组织和个人不得阻挠和限制。劳务派遣工应首先选择参加劳务派遣单位工会，劳务派遣单位工会委员会中应有相应比例的劳务派遣工会员作为委员会成员。劳务派遣单位没有建立工会组织的，劳务派遣工直接参加用工单位工会。

2. 在劳务派遣工会员接受派遣期间，劳务派遣单位工会可以委托用工单位工会代管。劳务派遣单位工会与用工单位工会签订委托管理协议，明确双方对会员组织活动、权益维护等的责任与义务。

3. 劳务派遣工的工会经费应由用工单位按劳务派遣工工资总额的百分之二提取并拨付劳务派遣单位工会，属于应上缴上级工会的经费，由劳务派遣单位工会按规定比例上缴。用工单位工会接受委托管理劳务派遣工会员的，工会经费留用部分由用工单位工会使用或由劳务派遣单位工会和用工单位工会协商确定。

4. 劳务派遣工会员人数由会籍所在单位统计。加入劳务派遣单位工会的，包括委托用工单位管理的劳务派遣工会员，由劳务派遣单位工会统计，直接加入用工单位工会的由用工单位工会统计。

5. 劳务派遣单位工会牵头，由使用其劳务派遣工的跨区域的用工单位工会建立的基层工会联合会，不符合建立区域性、行业性基层工会联合会的规定，应予纠正。

6. 上级工会应加强督促检查，切实指导和帮助劳务派遣单位和用工单位工会做好劳务派遣工加入工会和维护权益工作。

中华全国总工会办公厅关于切实做好
农民工会员会籍管理的紧急通知

（2009 年 2 月 9 日　工发电〔2009〕3 号）

各省、自治区、直辖市总工会，各全国产业工会，中共中央直属机关工会联合会，中央国家机关工会联合会，全总各部门、各直属单位：

近一时期，国际金融危机对我国实体经济的影响日益显现，因一些企业关闭、破产或经营困难裁员等，致使大批农民工失去工作而返乡。面对此种情况，为进一步加强农民工会员会籍管理，防止农民工会员流失，特通知如下：

一、各级工会特别是基层工会要高度重视做好当前农民工会员会籍管理工作，深刻认识加强农民工会员会籍管理的重要性和紧迫性，着眼最大限度把农民工组织到工会中来，坚持和完善农民工"一次入会、持证接转、全国通用、进出登记"的会员会籍管理制度，畅通农民工会员会籍接转渠道，方便农民工入会和接转会籍。

二、要进一步明确责任，落实好农民工会员会籍管理相关工作，对因失去工作岗位返乡的农民工会员。用人单位工会要及时为其填写《工会会员证》"组织关系接转"栏目中的相关内容，加盖公章，连同《工会会员登记表》一并交农民工会员办理会员关系接转手续。

应将返乡农民工会员会籍接转至本人所在村（社区）、乡镇（街道）工会管理。有关村（社区）、乡镇（街道）工会要对返乡农民工逐一了解情况，主动做好返乡农民工会员的接转工作，组织其参加工会活动，并对重新就业的农民工会员会籍转接到新的用人单位工会。农民工会员的统计工作由其会籍所在单位工会负责。

三、各级工会要把"农民工有困难找工会"的要求进一步落到实处，使农民工会员确实感受到工会组织的温暖，采取对农民工会员优先培训、优先介绍再就业、优先享受帮扶救助等有效措施，体现会员与非会员的区别，增强工会组织对农民工的吸引力和凝聚力，鼓励和吸引农民工会员珍惜会员身份，自觉配合组织接转会员会籍关系，确保农民工会员队伍稳定发展。

（抄送：新疆生产建设兵团工会）

中华全国总工会关于印发
《工会会员会籍管理办法》的通知

(2016 年 12 月 12 日　总工发〔2016〕35 号)

各省、自治区、直辖市总工会，各全国产业工会，中共中央直属机关工会联合会、中央国家机关工会联合会，全总各部门、各直属单位：

《工会会员会籍管理办法》已经中华全国总工会第十六届书记处第六十次会议审议通过，现印发你们，请结合实际，认真贯彻执行。

工会会员会籍管理办法

第一章　总　则

第一条　为规范工会会员会籍管理工作，增强会员意识，保障会员权利，根据《中华人民共和国工会法》和《中国工会章程》等有关规定，制定本办法。

第二条 工会会员会籍是指工会会员资格，是职工履行入会手续后工会组织确认其为工会会员的依据。

第三条 工会会员会籍管理，随劳动（工作）关系流动而变动，会员劳动（工作）关系在哪里，会籍就在哪里，实行一次入会、动态接转。

<h2 style="text-align:center">第二章 会籍取得与管理</h2>

第四条 凡在中国境内的企业、事业单位、机关和其他社会组织中，以工资收入为主要生活来源或者与用人单位建立劳动关系的体力劳动者和脑力劳动者，不分民族、种族、性别、职业、宗教信仰、教育程度，承认《中国工会章程》，都可以加入工会为会员。

第五条 职工加入工会，由其本人通过口头或书面形式及通过互联网等渠道提出申请，填写《中华全国总工会入会申请书》和《工会会员登记表》，经基层工会审核批准，即为中华全国总工会会员，发给《中华全国总工会会员证》（以下简称"会员证"），享有会员权利，履行会员义务。工会会员卡（以下简称"会员卡"）也可以作为会员身份凭证。

第六条　尚未建立工会的用人单位职工，按照属地和行业就近原则，可以向上级工会提出入会申请，在上级工会的帮助指导下加入工会。用人单位建立工会后，应及时办理会员会籍接转手续。

第七条　非全日制等形式灵活就业的职工，可以申请加入所在单位工会，也可以申请加入所在地的乡镇（街道）、开发区（工业园区）、村（社区）工会和区域（行业）工会联合会等。会员会籍由上述工会管理。

第八条　农民工输出地工会开展入会宣传，启发农民工入会意识；输入地工会按照属地管理原则，广泛吸收农民工加入工会。农民工会员变更用人单位时，应及时办理会员会籍接转手续，不需重复入会。

第九条　劳务派遣工可以在劳务派遣单位加入工会，也可以在用工单位加入工会。劳务派遣单位没有建立工会的，劳务派遣工在用工单位加入工会。

在劳务派遣工会员接受派遣期间，劳务派遣单位工会可以与用工单位工会签订委托管理协议，明确双方对会员组织活动、权益维护等方面的责任与义务。

加入劳务派遣单位工会（含委托用工单位管理）的会员，其会籍由劳务派遣单位工会管理。加入用工单位工会的会员会籍由用工单位工会管理。

第十条 基层工会可以通过举行入会仪式、集体发放会员证或会员卡等形式，增强会员意识。

第十一条 基层工会应建立会员档案，实行会员实名制，动态管理会员信息，保障会员信息安全。

第十二条 会员劳动（工作）关系发生变化后，由调出单位工会填写会员证"工会组织关系接转"栏目中有关内容。会员的《工会会员登记表》随个人档案一并移交。会员以会员证或会员卡等证明其工会会员身份，新的用人单位工会应予以接转登记。

第十三条 已经与用人单位解除劳动（工作）关系并实现再就业的会员，其会员会籍应转入新的用人单位工会。如新的用人单位尚未建立工会，其会员会籍原则上应暂时保留在会员居住地工会组织，待所在单位建立工会后，再办理会员会籍接转手续。

第十四条 临时借调到外单位工作的会员，其会籍一般不作变动。如借调时间六个月以上，借调单位已建立工会的，可以将会员关系转到借调单位工会管理。借调期满后，会员关系转回所在单位。会员离开工作岗位进行脱产学习的，如与单位仍有劳动（工作）关系，其会员会籍不作变动。

第十五条 联合基层工会的会员会籍接转工作，由联合基层工会负责。区域（行业）工会联合会的会员会籍接转工作，由会员所在基层工会负责。

第十六条 各级工会分级负责本单位本地区的会员统计工作。农民工会员由输入地工会统计。劳务派遣工会员由劳务派遣单位工会统计，加入用工单位工会的由用工单位工会统计。保留会籍的人员不列入会员统计范围。

第三章　会籍保留与取消

第十七条 会员退休（含提前退休）后，在原单位工会办理保留会籍手续。退休后再返聘参加工作的会员，保留会籍不作变动。

第十八条 内部退养的会员，其会籍暂不作变动，待其按国家有关规定正式办理退休手续后，办理保留会籍手续。

第十九条 会员失业的，由原用人单位办理保留会籍手续。原用人单位关闭或破产的，可将其会籍转至其居住地的乡镇（街道）或村（社区）工会。重新就业后，由其本人及时与新用人单位接转会员会籍。

第二十条 已经加入工会的职工，在其服兵役期间保留会籍。服兵役期满，复员或转业到用人单位并建立劳动关系的，应及时办理会员会籍接转手续。

第二十一条　会员在保留会籍期间免交会费，不再享有选举权、被选举权和表决权。

第二十二条　会员有退会自由。对于要求退会的会员，工会组织应做好思想工作。对经过做思想工作仍要求退会的，由会员所在的基层工会讨论后，宣布其退会并收回其会员证或会员卡。会员没有正当理由连续六个月不交纳会费、不参加工会组织生活，经教育拒不改正，应视为自动退会。

第二十三条　对严重违法犯罪并受到刑事处分的会员，开除会籍。开除会员会籍，须经会员所在工会小组讨论提出意见，由工会基层委员会决定，并报上一级工会备案，同时收回其会员证或会员卡。

第四章　附　则

第二十四条　本办法由中华全国总工会负责解释。

第二十五条　本办法自印发之日起施行。2000 年 9 月 11 日印发的《中华全国总工会关于加强工会会员会籍管理有关问题的暂行规定》（总工发〔2000〕18 号）同时废止。

（抄送：新疆生产建设兵团工会）

中华全国总工会办公厅关于进一步加强
《中华全国总工会会员证》管理工作的通知

(2017 年 3 月 22 日　厅字〔2017〕4 号)

各省、自治区、直辖市总工会，各全国产业工会，中共中央直属机关工会联合会、中央国家机关工会联合会，全总各部门、各直属单位：

为认真贯彻落实《工会会员会籍管理办法》（总工发〔2016〕35 号），切实加强工会会员会籍管理工作，现就进一步规范《中华全国总工会会员证》（以下简称"会员证"）管理工作通知如下。

一、高度予以重视。会员证是证明工会会员身份的重要凭证。加强对会员证的规范管理，是加强工会会员会籍管理的基本内容，对于强化工会会员意识、保障工会会员权利具有重要作用。各省级工会要高度重视，着眼新的情况，结合实际，加强对此项工作的组织领导。

二、明确工作职责。会员证由全国总工会确定式样，全国总工会组织部负责监制。各省级工会负责印制、颁发，并确定会员证的编号办法；各省级工会组织部门承担印制、使用、管理等具体工作。

三、加强印模管理。各省级工会印制的会员证，须统一加盖全国总工会组织部印章。各省级工会组织部门应向全国总工会组织部提出使用公章印模的书面申请，经审核同意后，指定专人保管并监督使用，使用后及时送回，确保印模安全。会员证所附录的"会员的权利"和"会员的义务"内容，应与中国工会全国代表大会最新通过的《中国工会章程》有关表述保持一致。

四、严格审核程序。为确保印制质量，各省级工会在确定承印单位前，须将该单位印制的会员证式样报全国总工会组织部审核同意，方可正式印制。每年已印制数量须在当年12月31日前报全国总工会组织部备案。本通知下发前，已经印制合格及颁发的会员证继续有效。

五、确定印制厂家。各省级工会要按照政府采购、招标投标等有关规定要求，严格履行相应程序，规范办理有关手续，经集体研究，并进行公示后，确定一家承印会员证的单位。印制会员证的费用，从工会经费中列支，不得向工会会员个人收取任何费用。

六、规范使用管理。对新加入工会的会员，基层工会要为其颁发会员证，作为会员身份凭证，享有会员权利，履行会员义务。不应以工会会员服务卡等代替颁发会员证。地方或基层工会可通过举行入会仪式、集体发放会员证等形式，增强工会会员意识。会员劳动（工作）关系发生变化后，由调出单位工会填写会员证"工会组织关系接转"栏目中有关内容，会员以会员证等证明其工会会员身份，新的用人单位工会应予以接转登记。

会员退会的，由基层工会收回其会员证。会员因严重违法犯罪受到刑事处分被开除会籍的，报上一级工会备案后，由基层工会收回其会员证。

各省级工会要从实际出发，积极探索会员证、会员服务卡和会员实名登记等有机结合的会员会籍管理办法。

附件：《中华全国总工会会员证》式样

《中华全国总工会会员证》式样

（封皮）

中华全国总工会

会 员 证

（首页）

免冠照片

（印章）

编　号_____

（个人信息页）

姓　　名：_____

性　　别：_____

民　　族：_____

出生年月：_____

政治面貌：_____

入会时间：_____

发证单位：_____

（使用说明）

使用说明

1. 本证用作会员身份证明、会员关系接转凭证。会员组织关系发生变动，由基层工会在有关栏目内登记并加盖公章。

2. 本证应妥善保管，如果遗失，应及时申请补办。

3. 本证只限会员本人使用，不得转借他人。

4. 本证由全国总工会组织部监制，各省、自治区、直辖市总工会印制、颁发。